"一带一路"沿线国家经济地理系列丛书

XINJIAPO

新加坡经济地理

胡 伟 ◎ 编著

经济管理出版社
ECONOMY & MANAGEMENT PUBLISHING HOUSE

图书在版编目（CIP）数据

新加坡经济地理/胡伟著.—北京：经济管理出版社，2018.4
ISBN 978-7-5096-5725-6

Ⅰ.①新… Ⅱ.①胡… Ⅲ.①经济地理—新加坡 Ⅳ.①F133.999

中国版本图书馆 CIP 数据核字（2018）第 058962 号

组稿编辑：申桂萍
责任编辑：胡　茜
责任印制：黄章平
责任校对：赵天宇

出版发行：经济管理出版社
　　　　　（北京市海淀区北蜂窝 8 号中雅大厦 A 座 11 层　100038）
网　　址：www.E-mp.com.cn
电　　话：(010) 51915602
印　　刷：北京晨旭印刷厂
经　　销：新华书店
开　　本：720mm×1000mm/16
印　　张：10.25
字　　数：134 千字
版　　次：2018 年 6 月第 1 版　2018 年 6 月第 1 次印刷
书　　号：ISBN 978-7-5096-5725-6
定　　价：49.00 元

·版权所有　翻印必究·
凡购本社图书，如有印装错误，由本社读者服务部负责调换。
联系地址：北京阜外月坛北小街 2 号
电话：(010) 68022974　邮编：100836

前　言

　　新加坡是东南亚的一个岛国，也是一个城市国家，位于马来半岛南端，毗邻马六甲海峡南口，其南面有新加坡海峡与印度尼西亚相隔，北面有柔佛海峡与马来西亚相隔，并以长堤相连于新马两岸之间。新加坡所处的地理位置是世界的十字路口之一，新加坡是著名的国际大洋航线的枢纽，是东南亚的航运中心，还连接着太平洋和印度洋，是欧洲、亚洲、非洲和大洋洲的海上交通枢纽，得天独厚的地理条件使之发展成为一个主要的商业、运输、通信、旅游中心。

　　当前，中国经济和世界经济高度关联。中国将一以贯之地坚持对外开放的基本国策，构建全方位开放新格局，深度融入世界经济体系。共建"一带一路"致力于亚欧非大陆及附近海洋的互联互通，建立和加强沿线各国互联互通伙伴关系，构建全方位、多层次、复合型的互联互通网络，实现沿线各国多元、自主、平衡、可持续的发展。"一带一路"的互联互通项目将推动沿线各国发展战略的对接与耦合，发掘区域内市场的潜力，促进投资和消费，创造需求和就业，增进沿线各国人民的人文交流与文明互鉴，让各国人民相逢相知、互信互敬，共享和谐、安宁、富裕的生活。

　　在深化"一带一路"倡议的背景下，重新梳理新加坡经济地理，对于增进中新两国人民的人文交流和经济发展互鉴、促进两国在新的时代背景下的相互了解，有助于深入了解"一带一路"推进的现状、问题、机遇、挑战、动力与趋势，进而促进"一带一路"共建共赢。

　　本书共分十四章，从基本概况、国土与区位、人口、水资源、工业发展、农业发展、能源、交通、通信、商业与贸易、投资、金融、城市发展、旅游多个方面对新加坡进行了较为详细的论述，从而为国民深入了解"一带一路"背景下的新加坡提供了一个多维立体的视角。

第一章从概述、国名、国徽、国旗等方面对新加坡的基本情况进行说明，为进一步阐述新加坡经济地理做铺垫。第二章对新加坡的国土与区位进行梳理，分别从地理位置、气候条件、行政区划、经济区划四个方面对新加坡的国土与区位信息进行阐述。第三章为人口地理，从人口概况、民族组成及各民族概况、出生率与死亡率，以及教育情况等几个方面对新加坡的人口情况进行细致梳理。第四章为水资源，从水资源量、污水处理与回收、再生淡水、水资源战略四个方面对新加坡的水资源利用情况进行分析。第五章为工业地理，首先对新加坡工业发展情况进行概述，其次对新加坡的工业园区发展情况进行梳理，最后从制造业、石油化工、化学工业、电子工业和建筑业等几个主要产业入手，对新加坡的工业地理进行具体分析。第六章为农业地理，首先对新加坡农业发展情况进行概述，其次就新加坡农业的几种主要发展形态进行具体分析，如都市农业、渔业、观赏渔业和畜牧业等。第七章为能源地理，从石油与天然气、电力、能源动力产业、清洁能源四个方面对新加坡的能源产业发展情况、地区分布情况等进行梳理与分析。第八章为交通运输，从海洋运输、陆路运输、航空运输三个方面对新加坡交通运输情况进行分析。第九章为通信地理，首先概述新加坡通信业的发展历程，其次从邮电通信、互联网建设等视角对新加坡通信业发展进行说明。第十章为商业与贸易，首先对新加坡的商业中心分布情况进行说明，其次从贸易政策、对外贸易发展情况、贸易结构、服务贸易发展情况等方面出发对新加坡的商业与服务进行梳理与分析。第十一章为投资地理，首先就新加坡的FDI政策进行初步分析，其次对新加坡吸收外资和对外投资的发展情况和地理分布进行详细分析。第十二章为金融地理，首先概述新加坡金融市场发展情况，其次从离岸金融市场、债券市场、保险市场、外汇市场等方面对新加坡的金融地理进行分析与说明。第十三章为城市地理，首先对新加坡的社会基层组织进行初步说明，其次从城市规划与管理、城市规划特点、智慧城市发展情况等方面对新加坡城市地理做进一步补充与说明。

前言

第十四章为旅游地理，首先对新加坡的旅游业发展和旅游资源做初步概述，其次对新加坡的游客来源进行分析，最后就其旅游业发展趋势做进一步展望。

本书所涉及的内容对当下中国积极推进"一带一路"倡议，深入、全面了解新加坡具有一定的理论和现实意义，对认识、解读新加坡的经济发展特点与规律，具有一定的理论研究价值和政策参考价值，不仅适合高等院校相关专业的师生阅读，也是一本适合大众阅读的通俗经济地理著作。

由于篇幅以及作者能力有限，本书未能就新加坡经济发展，及其经济地理详细特征等所有内容一一进行详细论述，书中的不周之处或谬误之处，还请广大读者和各界人士给予指正！

目　录

第一章　新加坡简介 1
　一、概述 1
　二、国名 3
　三、国徽 3
　四、国旗 4

第二章　国土与区位 5
　一、地理位置 5
　二、气候条件 6
　三、行政区划 8
　四、经济区划 9

第三章　人口地理 11
　一、人口概况 11
　二、民族 16
　三、出生率与死亡率 17
　四、教育 20

第四章　水资源 23
　一、水资源量 24
　二、污水处理与回收 26

三、再生淡水 ··· 28
　　四、水资源战略 ··· 29

第五章　工业地理 ··· 32
　　一、工业发展概述 ··· 33
　　二、工业园区 ··· 36
　　三、制造业 ·· 38
　　四、石油化工 ·· 41
　　五、化学工业 ·· 43
　　六、电子工业 ·· 44
　　七、建筑业 ·· 46

第六章　农业地理 ··· 49
　　一、农业概况 ·· 50
　　二、都市农业 ·· 51
　　三、渔业 ··· 52
　　四、观赏渔业 ·· 54
　　五、畜牧业 ·· 55

第七章　能源地理 ··· 57
　　一、石油与天然气 ··· 58
　　二、电力 ··· 60
　　三、能源动力产业 ··· 64
　　四、洁净能源 ·· 67

第八章　交通运输 ··· 71
　　一、海洋运输 ·· 72
　　二、陆路运输 ·· 75
　　三、航空运输 ·· 78

第九章　通信地理 …… 85

一、发展历程 …… 85
二、邮电通信 …… 87
三、互联网建设 …… 88

第十章　商业与贸易 …… 92

一、商业中心 …… 92
二、贸易政策 …… 97
三、对外贸易 …… 100
四、贸易结构 …… 106
五、服务贸易 …… 109

第十一章　投资地理 …… 111

一、FDI 政策 …… 112
二、吸收外资 …… 113
三、对外投资 …… 117

第十二章　金融地理 …… 120

一、金融市场 …… 121
二、离岸金融市场 …… 126
三、债券市场 …… 128
四、保险市场 …… 130
五、外汇市场 …… 131

第十三章　城市地理 …… 132

一、社会基层组织 …… 132
二、城市规划与管理 …… 134
三、城市规划特点 …… 136
四、智慧城市 …… 138

第十四章　旅游地理 …………………………………………… 141
　　一、旅游资源 ………………………………………………… 141
　　二、游客来源 ………………………………………………… 145
　　三、发展趋势 ………………………………………………… 147

参考文献 ………………………………………………………… 149

第一章　新加坡简介

一、概　述

新加坡共和国（Republic of Singapore）是东南亚的一个岛国。新加坡是全球最富裕的国家之一，以稳定的政局、廉洁高效的政府而著称。新加坡是亚洲最重要的金融、服务和航运中心之一，是连接欧、亚、非三洲的海上交通枢纽，有"远东十字路口"和"东方直布罗陀海峡"之称。根据全球金融中心指数排名，新加坡是继纽约、伦敦和香港之后的世界第四大金融中心。新加坡是东亚第四富裕地区，仅次于中国香港、日本和韩国[①]。新加坡风光绮丽，终年常绿，岛上花园遍布，绿树成荫，素以整洁和美丽著称。全国耕地无几，人口多居住在城市，因此被称为"城市国家"。

马来语为国语，英语、华语、马来语、泰米尔语为官方语言，英语为行政用语。主要宗教为佛教、道教、伊斯兰教、基督教和印度教[②]。

---

① 商务部. 对外投资合作国别（地区）指南——新加坡［EB/OL］. http://fec.mofcom.gov.cn/article/gbdqzn/upload/xinjiapo.pdf, 2017-02-23.

② 外交部. 新加坡国家概况［EB/OL］. http://www.fmprc.gov.cn/web/gjhdq_676201/gj_676203/yz_676205/1206_677076/1206x0_677078/, 2017-02-23.

新加坡古称淡马锡。8世纪属室利佛逝王朝。18~19世纪是马来柔佛王国的一部分。1819年，英国人史丹福·莱佛士抵达新加坡，与柔佛苏丹订约，开始在新加坡设立贸易站。1824年，新加坡沦为英国殖民地，成为英在远东的转口贸易商埠和在东南亚的主要军事基地。1942年被日本占领。1945年日本投降后，英国恢复殖民统治，次年划为直属殖民地。1959年实现自治，成为自治邦，英保留国防、外交、修改宪法、宣布紧急状态等权力。1963年9月16日与马来亚、沙巴、沙捞越共同组成马来西亚联邦。1965年8月9日脱离马来西亚，成立新加坡共和国；同年9月成为联合国成员国，10月加入英联邦。1967年与印度尼西亚、马来西亚、菲律宾和泰国组成东南亚国家联盟（ASEAN），为发起国之一[①]。

新加坡立足东盟，致力于维护东盟团结与合作、推动东盟在地区事务中发挥更大作用；面向亚洲，注重发展与亚洲国家特别是中、日、韩、印等重要国家的合作关系；奉行"大国平衡"，主张在亚太建立美、中、日、印战略平衡格局；突出经济外交，积极推进贸易投资自由化，已与新西兰、日本、欧洲自由贸易协会、澳大利亚、美国、约旦、韩国、印度和巴拿马签署双边自由贸易协定，与新西兰、智利、文莱签署了首个地跨三个大洲的自贸协定，并与巴林、埃及、科威特和阿联酋就商签双边自贸协定达成共识。倡议成立了亚欧会议、东亚—拉美论坛等跨洲合作机制。积极推动《亚洲地区政府间反海盗合作协定》（ReCAAP）的签署，根据协定设立的信息共享中心于2006年11月正式在新加坡成立，共与175个国家建立了外交关系[②]。

过去，新加坡一直用"新嘉坡"作为其独立初期的通用中文国

[①] 外交部. 新加坡国家概况［EB/OL］. http://www.fmprc.gov.cn/web/gjhdq_676201/gj_676203/yz_676205/1206_677076/1206x0_677078/，2017-02-23.

[②] 外交部. 新加坡国家概况［EB/OL］. http://www.fmprc.gov.cn/web/gjhdq_676201/gj_676203/yz_676205/1206_677076/1206x0_677078/，2017-02-23.

名。由于受到当地华侨所带来的语言（包括粤、客、潮、琼、闽语等）习惯影响，也在后期出现许多衍生的国名称谓，如"石叻""叻埠"，甚至"实叻埠"等，而外界也普遍以"狮城""花园城市""星国"来描述新加坡[1]。

二、国　名

新加坡是一个城市国家，原意为狮城。据马来史籍记载，公元1150年左右，苏门答腊的室利佛逝王国王子乘船到达此岛，看见一头黑兽，当地人告知为狮子，遂有"狮城"之称。新加坡是梵语"狮城"的谐音，由于当地居民受印度文化影响较深，喜欢用梵语作为地名。狮子具有勇猛、雄健的特征，故以此作为地名是很自然的事。过去华侨多称其为"息辣"，即马来语"海峡"的意思，也有因其小而将之称为星洲、星岛的[2]。

三、国　徽

1959年11月新加坡立法会议通过其国徽图案。国徽由盾徽、狮子、老虎等图案组成。红色的盾面上镶有白色的新月和五角星，其寓意与国旗相同。红盾左侧是一头狮子，这是新加坡的象征，新

---

[1] 山东省商务厅. 新加坡概况［EB/OL］. http://www.shandongbusiness.gov.cn/index/content/sid/261848.html, 2017-02-23.
[2] 资料：新加坡概况［EB/OL］. http://www.ce.cn/xwzx/gnsz/gdxw/201511/04/t20151104_6897498.shtml, 2017-02-23.

加坡在马来语中是"狮城"的意思；右侧是一只老虎，象征新加坡与马来西亚之间历史上的联系。红盾下方为金色的棕榈枝叶，底部的蓝色饰带上用马来文写着"前进吧，新加坡"[①]（见图1-1）。

图1-1 新加坡国徽

四、国　旗

新加坡国旗由上红下白两个相等的横长方形组成，长与宽之比为3:2。左上角有一弯白色新月和五颗白色五角星。红色代表人类的平等，白色象征纯洁和美德；新月象征国家，五颗星代表国家建立民主、和平、进步、正义和平等的思想。新月和五颗星的组合紧密而有序，象征着新加坡人民团结和互助的精神[②]（见图1-2）。

图1-2 新加坡国旗

[①][②] 资料：新加坡概况［EB/OL］．http://www.ce.cn/xwzx/gnsz/gdxw/201511/04/t20151104_6897498.shtml，2017-02-23．

第二章 国土与区位

一、地理位置

新加坡是一个热带城市国家，是东南亚11国中面积最小的国家。位于马来半岛最南端、马六甲海峡出入口，赤道以北约137公里处，处于北纬1°9′、东经103°36′和104°25′之间。北隔柔佛海峡与马来西亚相邻，南隔新加坡海峡与印度尼西亚相望。新加坡土地面积719.1平方公里，由新加坡岛及附近63个小岛组成，其中新加坡岛占全国面积的88.5%，主岛从东部到西部约49公里，从南部到北部约25公里[1]。作为一个四面环海的岛国，新加坡总面积因沿岸填海造地而一直扩大，其国土面积在20世纪60年代时为581.5平方公里，目前已填出100多平方公里的新土地[2]，且预计到2030年，新加坡国土面积还有可能增加100平方公里[3]。

新加坡属东8时区，没有夏令时，与北京没有时差。

---

[1] 衷海燕，钟一鸣. 新加坡经济社会地理 [M]. 广州：世界图书出版广东有限公司，2014：1~2.
[2] 商务部. 对外投资合作国别（地区）指南——新加坡 [EB/OL]. http://fec.mofcom.gov.cn/article/gbdqzn/upload/xinjiapo.pdf，2017-02-23.
[3] 毕世鸿. 新加坡概论 [M]. 广州：世界图书出版广东有限公司，2012：4.

二、气候条件

新加坡地势低平，平均海拔 15 米，最高海拔 163 米，海岸线长 193 公里；属热带海洋性气候，常年高温潮湿多雨[①]。

新加坡南距赤道仅 136.8 公里，长年受赤道低压带控制，属于热带雨林气候；又因为常年受来自热带海洋的信风影响，终年盛行热带海洋气团，气候具有海洋性，年温差和日温差较小，年平均气温 24~32℃，日平均气温 26.8℃，最高气温不足 36℃，最低气温也在 20℃左右[②]（见表 2-1）。

表 2-1 气温与日照

气温（℃） \ 年份	2008	2009	2010	2011	2012	2013	2014	2015
平均气温									
日最高温	31.1	31.7	31.9	31.2	31.2	31.3	31.6	31.9
日最低温	24.7	25.0	24.9	24.7	25.0	25.0	25.3	25.8
极限气温									
最高温	34.1	35.0	35.5	35.3	33.7	35.2	34.5	34.4
最低温	21.8	21.8	21.7	21.4	21.1	20.9	21.1	21.9
日照时长									
日平均时长（小时）	5.2	5.9	5.7	5.6	5.5	5.4	6.0	6.2

资料来源：新加坡统计局网站，http://www.singstat.gov.sg。

新加坡常年高温潮湿，年平均湿度 84.3%，年平均降水量 2000 毫米左右，近年来降雨量有下滑趋势，2015 年降雨天数和降雨量均偏少（见表 2-2）。

[①] 外交部. 新加坡国家概况 [EB/OL]. http://www.fmprc.gov.cn/web/gjhdq_676201/gj_676203/yz_676205/1206_677076/1206x0_677078/, 2017-02-23.

[②] 衷海燕, 钟一鸣. 新加坡经济社会地理 [M]. 广州：世界图书出版广东有限公司, 2014：3~4.

表 2-2　相对湿度与降雨量

年份	2008	2009	2010	2011	2012	2013	2014	2015
最小相对湿度（%）	47	42	43	41	48	36	37	35
24 小时平均相对湿度（%）	83.4	82.4	82.9	84.6	83.5	81.7	78.5	76.9
降雨量（mm）	2325.1	1920.9	2075.1	2524.2	2159.9	2748.4	1538.4	1266.8
日最大降雨量（mm）	133.9	86.6	121.1	216.2	92.3	139.8	64.4	63.2
降雨天数	182	166	178	188	191	206	152	125

资料来源：新加坡统计局网站，http://www.singstat.gov.sg。

新加坡因为靠近赤道，受赤道低压带控制，盛行上升气流，午后常有对流雨，对空气的更新起到了较大作用，且高温使空气中的水汽大多被蒸发[1]。空气质量如表 2-3 所示。

表 2-3　空气质量

年份	2008	2009	2010	2011	2012	2013	2014	2015
二氧化硫（μg/m³）								
年均	11	9	11	10	13	14	12	12
24 小时平均最高	80	93	104	80	98	75	83	75
二氧化氮（μg/m³）								
年均	22	22	23	25	25	25	24	22
1 小时平均最高	126	147	153	189	154	132	121	99
PM10（μg/m³）								
年均	25	29	26	27	29	31	30	37
（平均 99% 的 24h 浓度）	49	59	76	55	57	215	75	186
PM2.5（μg/m³）								
年均	16	19	17	17	19	20	18	24
（平均 99% 的 24h 浓度）	32	44	56	41	42	176	51	145
一氧化碳（mg/m³）								
8 小时平均最高	1.6	1.9	2.4	2.0	1.9	5.5	1.8	3.3
1 小时平均最高	2.3	3.9	2.8	2.6	2.4	7.5	2.7	3.5
臭氧（μg/m³）								
8 小时平均最高	183	105	139	123	122	139	135	152

资料来源：新加坡统计局网站，http://www.singstat.gov.sg。

---

[1] 衷海燕，钟一鸣. 新加坡经济社会地理 [M]. 广州：世界图书出版广东有限公司，2014：3~4.

三、行政区划

新加坡是一个城邦国家，无省市之分。1997年大选之后，政府成立了社区发展理事会，原来新加坡有9个社区，2001年以符合都市规划的方式将全国9个社区合并为5个社区（行政区），由相应的社区发展理事会（简称社理会）管理。5个社理会按照地区划分，定名为东北、东南、西北、西南和中区社理会[①]（见表2-4）。

表2-4 新加坡各区基本概况

区名	最大市镇	面积（km²）	人口（2006年）	人口密度（人/km²）	属下规划区
中区	红山	132.7	903100	6805	碧山、红山、武吉知马、芽笼、加冷、马林百列诺威娜、女皇镇、大巴窑、东陵、市中心、南部岛屿
东南区	勿洛	93.1	673600	7235	勿洛、樟宜、巴耶利峇淡滨尼、白沙、樟宜湾
西北区	兀兰	97.3	472000	4851	中央集水区、林厝港万礼、三巴旺、新邦双溪加株、义顺、兀兰
东北区	后港	141.1	696900	4939	宏茂桥、后港、榜鹅实里达、盛港、实龙岗东北岛屿
西南区	裕廊西	201.3	851000	4228	武吉巴督、武吉班让文礼、蔡厝港、金文泰裕廊东、裕廊西、县区登加、大士、西部岛屿西部集水区

资料来源：毕世鸿.新加坡概论[M].广州：世界图书出版广东有限公司，2012：15~16.

中区最大市镇红山位于中峇鲁以西、女皇镇以东、直落布兰雅以北，毗邻世界上最繁忙的港口、新加坡胜地——圣淘沙和新加坡金融中心——莱佛士，是名校、高级公寓和商业中心的集中地。

[①] 商务部.对外投资合作国别（地区）指南——新加坡[EB/OL].http://fec.mofcom.gov.cn/article/gbdqzn/upload/xinjiapo.pdf，2017-02-23.

东南区位于新加坡东海岸，其最大的市镇为勿洛，已有40年左右的历史，勿洛为丘陵地区，占地约9.4平方公里，其中42%为居住区。

西北区最大的市镇为兀兰，是新加坡北部的一个住宅区，总面积大约13.6平方公里。兀兰毗邻三巴旺新镇和双溪卡独工业区，沿着新柔长堤通向马来西亚最南端的城市新山，通过甘巴士道连接义顺，通过兀兰连接圣诺哥工业区。

东北区包括三个集选区和两个单选区，其最大市镇为后港。

西南区位于新加坡西南地区，覆盖了新加坡1/3的国土面积。西南区是典型的工业密集区[1]。

2011年进一步分为27个选区，包括12个单选区和15个集选区[2]。

单选区包括：后港、黄埔、先驱、如切、裕华、丰加北、蒙巴登、盛港西、榜鹅东、武吉班让、波东巴西、拉丁马士。

集选区包括：义顺、裕廊、三巴旺、蔡厝港、东海岸、西海岸、阿裕尼、宏茂桥、淡滨尼、马林百列、丹戎巴葛、碧山—大巴窑、荷兰—武吉知马、白沙—榜鹅、摩棉—加冷[3]。

四、经济区划

20世纪70年代以前，新加坡主要依靠转口贸易维持经济发展，但从80年代开始，新加坡加速发展资本密集、高附加值的新兴工业，并大力投资基础设施建设。20世纪90年代，新加坡进一步推

---

[1] 衷海燕，钟一鸣. 新加坡经济社会地理［M］. 广州：世界图书出版广东有限公司，2014：10~13.
[2] 商务部. 对外投资合作国别（地区）指南——新加坡［EB/OL］. http://fec.mofcom.gov.cn/article/gbdqzn/upload/xinjiapo.pdf，2017-02-23.
[3] 山东省商务厅. 新加坡概况［EB/OL］. http://www.shandongbusiness.gov.cn/index/content/sid/261848.html，2017-02-23.

进经济增长，大力推行"区域化经济发展战略"，积极向海外投资。

（一）工业布局

新加坡政府根据地理环境的差异，将东北部划为新兴工业区和无污染工业区，重点发展电子、电器及技术密集型产业。沿海的西南部和裕廊岛、毛广岛等为港口和重工业区；中部地区为轻工业和一般工业区。如今，新加坡已发展成为世界第三大炼油中心以及东南亚最大的修造船基地。

1961年，新加坡政府为加快工业化进程，促进经济发展，创建了裕廊工业区。裕廊工业区位于新加坡岛西南部，约占国土面积的11%，是新加坡最重要、最集中的工业生产基地。园区包含了8000多家跨国公司和本地的高技术制造业公司，拥有1/3以上的劳动力，对国内生产总值的直接贡献率为26%左右。园区内主导产业为石化、修造船、工程机械、一般制造业、物流等，且形成了完整的产业链。

（二）农业布局

新加坡独立前以转口贸易为主，独立后制造业迅速增长，但农业基础一直薄弱，占国民经济的比重不到1%，且农业人口少，多数农产品依赖进口。新加坡也注重节约耕地，追求高效益，主要农业产业有畜禽业、园艺种植业和水产渔业。

由于气候和土壤条件所限，新加坡从未种植水稻或小麦，粮食主要从泰国、缅甸等国家进口。农业用地原来主要分布在新加坡岛东北部，现在逐渐向北岸的三巴旺、林厝港、实笼岗、榜鹅等地集中。其中林厝港拥有可耕地面积2000多公顷，主要生产高产值出口型农产品，如种植兰花、热带观赏鱼养殖、鸡蛋牛奶生产、蔬菜种植，还有百余家沿海和陆地养鱼场[①]。

---

① 衷海燕，钟一鸣.新加坡经济社会地理［M］.广州：世界图书出版广东有限公司，2014：14~15.

第三章 人口地理

新加坡政府根据人口变动和具体国情，在不同时期采取了一些调控人口的政策。20世纪60年代，为了抑制人口快速增长，新加坡政府采取了旨在降低人口出生率的鼓励性和抑制性措施。1975年起，由于出生率长期低于人口更替水平，政府为提高出生率转而采取鼓励生育措施，同时，移民也成为补充人口的重要举措①。

一、人口概况

新加坡人口主要由近一百年从欧亚地区迁移而来的移民及其后裔组成，其移民社会的特性加上殖民统治的历史和地理位置的影响，使新加坡呈现出多元文化的社会特色。

根据1990年6月的人口普查，新加坡总人口数为3047132人，年均增长率2.4%，主要靠外来移民弥补国内人口生育率的不足。于是20世纪90年代以来，新加坡的人口政策重点是鼓励生育。2004年以来，新加坡政府推行了鼓励生育的一揽子措施，如保健储蓄计划、额外带薪产假、增加对第一胎和第四胎的幼儿津贴、家长退税

---

① 衷海燕，钟一鸣. 新加坡经济社会地理［M］. 广州：世界图书出版广东有限公司，2014：16.

款、在职母亲子女税款减免等，但以上措施收效甚微。

表 3-1　2000~2015 年新加坡人口情况

单位：万人，%

年份	总人口		新加坡居民						非居民	
			合计		公民		永久居民			
	人口	增长率	人口	增长率	人口	增长率	人口	增长率	人口	增长率
2000	402.9	2.8	327.4	1.8	298.6	1.3	28.8	9.9	75.5	9.3
2005	426.6	2.4	346.8	1.6	308.1	0.8	38.7	8.6	79.8	5.9
2006	440.2	3.2	352.6	1.7	310.8	0.9	41.8	8.1	87.6	9.7
2007	458.9	4.3	358.3	1.6	313.4	0.8	44.9	7.5	100.6	14.9
2008	483.9	5.5	364.2	1.7	316.4	1.0	47.8	6.5	119.7	19.0
2009	498.7	3.1	373.3	2.5	320.0	1.1	53.5	11.5	125.4	4.8
2010	507.7	1.8	377.2	1.0	323.1	0.9	54.1	1.5	130.5	4.1
2011	518.3	2.1	378.9	0.5	325.7	0.8	53.2	-1.7	139.4	6.9
2012	531.2	2.5	381.8	0.8	328.5	0.9	53.3	0.2	149.4	7.2
2013	539.9	1.6	384.5	0.7	331.4	0.9	53.1	-0.3	155.4	4.0
2014	547.0	1.3	387.1	0.7	334.3	0.9	52.8	-0.7	159.9	2.9
2015	553.5	1.2	390.3	0.8	337.5	1.0	52.8	0.0	163.2	2.1

资料来源：新加坡统计局网站，http://www.singstat.gov.sg。

通过表 3-1 可以发现，新加坡非居民增长速度远大于其公民增长速度，随着新加坡人口老龄化的加速，以及生育率停滞不前，新加坡政府将进一步制定政策，鼓励外来移民。

截至 2016 年，新加坡总人口 560.73 万人，其中居民 393.36 万人（包括 340.89 万公民和 52.46 万永久居民），非本地居民 167.37 万人。总人口增长率 1.3%，人口密度 7797 人/平方公里[1]（见表 3-2）。

---

[1] 商务部.对外投资合作国别（地区）指南——新加坡［EB/OL］.http：//fec.mofcom.gov.cn/article/gbdqzn/upload/xinjiapo.pdf，2017-02-23.

表 3-2 2016 年新加坡人口概况

类型	2016 年	2016 年增长率（%）	2015 年	2015 年增长率（%）
总人口（万人）	560.73	1.3	553.5	1.2
居民（万人）	393.36	0.8	390.27	0.8
公民（万人）	340.89	1.0	337.50	1.0
永久居民（万人）	52.46	−0.6	52.77	0.0
人口密度（人/平方公里）	7797	N/A	7697	N/A

资料来源：新加坡统计局网站，http://www.singstat.gov.sg。

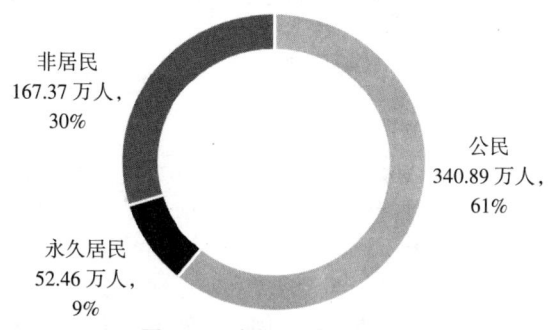

图 3-1 新加坡人口构成

非居民 167.37 万人，30%
永久居民 52.46 万人，9%
公民 340.89 万人，61%

从图 3-1 人口构成来看，公民占比仅为 61% 左右，永久居民仅为 9% 左右。随着新加坡人口的持续增长，2011~2016 年，新加坡人口密度一直处于稳步增长态势。

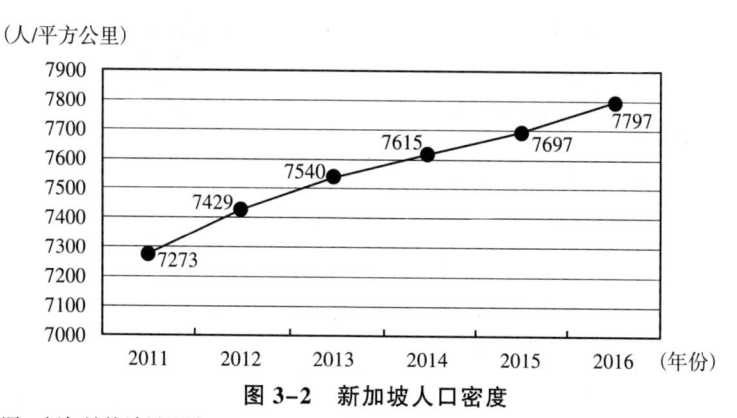

图 3-2 新加坡人口密度

（人/平方公里）
2011: 7273
2012: 7429
2013: 7540
2014: 7615
2015: 7697
2016: 7797

资料来源：新加坡统计局网站，http://www.singstat.gov.sg。

近年来，新加坡人口出生率下降趋势明显，且一直在低位徘徊。出生率最高的时期为 2008 年，达到 5.5%，随后一直波动下滑，2014 年以来，基本维持在 1.2%~1.3% 较为稳定的水平（见图 3-3）。

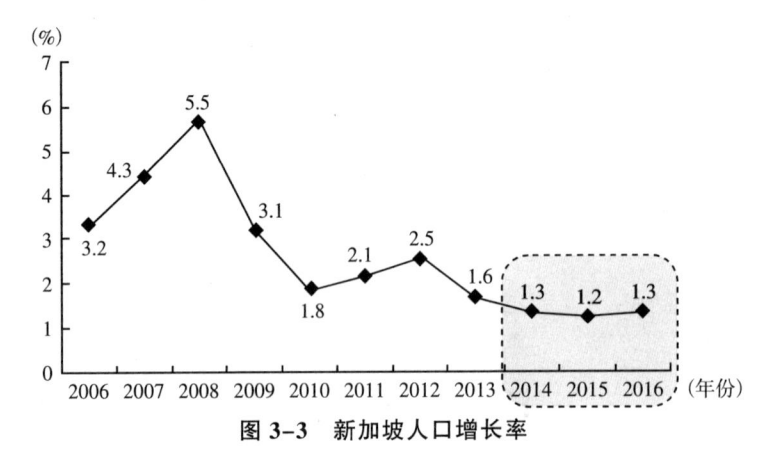

图 3-3　新加坡人口增长率

资料来源：新加坡统计局网站，http://www.singstat.gov.sg。

2015 年，新加坡人口性别比例为 965（男）：1000（女）（见图 3-4）；平均预期寿命 82.8 岁，其中男 80.5 岁，女 84.9 岁，65 岁及以上人口占 11.78%（2015 年数据，2016 年为 12.40%）。

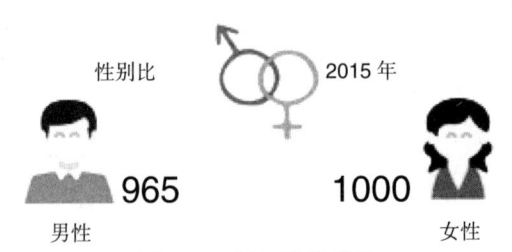

图 3-4　新加坡性别比

资料来源：新加坡统计局网站，http://www.singstat.gov.sg。

表 3-3　新加坡居民年龄结构

单位：万人，%

年份	2000	2005	2010	2011	2012	2013	2014	2015	2016
居民	327.34	346.78	377.17	378.93	381.82	384.48	387.07	390.27	393.36
0~4 岁	22.57	19.95	19.44	18.82	18.67	18.33	18.14	18.36	18.72
5~9 岁	25.66	23.72	21.57	20.81	20.63	20.57	20.58	20.45	20.15

续表

年份	2000	2005	2010	2011	2012	2013	2014	2015	2016
10~14 岁	23.54	25.86	24.43	24.05	23.33	22.62	22.08	21.44	20.75
15~19 岁	21.13	23.49	26.38	26.07	25.89	25.51	24.73	24.29	23.98
20~24 岁	21.22	21.90	24.72	25.51	26.45	26.69	26.39	26.41	26.09
25~29 岁	26.72	24.78	27.26	26.26	25.46	25.56	26.57	27.10	28.00
30~34 岁	29.03	29.34	29.87	29.76	29.54	29.69	29.23	29.06	28.55
35~39 岁	32.26	29.92	32.00	31.62	31.40	30.55	30.20	30.11	30.20
40~44 岁	31.24	32.15	30.94	30.66	30.88	31.26	31.60	31.68	31.34
45~49 岁	26.22	30.75	32.35	32.40	32.09	31.63	30.85	30.34	30.12
50~54 岁	20.67	25.42	30.30	30.81	31.04	31.30	31.55	31.51	31.56
55~59 岁	12.51	19.78	24.87	26.07	27.18	28.11	28.84	29.51	29.96
60~64 岁	11.05	11.76	19.20	20.82	21.40	22.22	23.15	24.05	25.19
65~69 岁	8.83	10.11	11.15	11.24	12.89	14.58	16.12	18.24	19.80
70~74 岁	6.69	7.65	9.26	10.01	10.44	10.57	10.68	10.26	10.38
75~79 岁	3.96	5.16	6.52	6.69	6.77	7.06	7.63	8.12	8.80
80~84 岁	2.29	2.79	3.98	4.21	4.41	4.62	4.84	5.18	5.36
85 岁及以上	1.75	2.26	2.92	3.11	3.36	3.61	3.89	4.17	4.42
65 岁及以上	23.53	27.97	33.84	35.26	37.86	40.44	43.16	45.97	48.76
65 岁以上占比	7.19	8.07	8.97	9.31	9.92	10.52	11.15	11.78	12.40

注：居民包括公民和永久居民。
资料来源：新加坡统计局网站，http://www.singstat.gov.sg。

从表 3-3 可知，新加坡 65 岁及以上居民人口比例不断增长，即新加坡的老龄化趋势日渐明显。如图 3-5 所示，尽管新加坡目前尚未步入老龄社会，但其老龄化的趋势在不断强化，老年人口比例稳步增长，其年龄结构趋向老龄化。

图 3-5　65 岁及以上居民人口比例

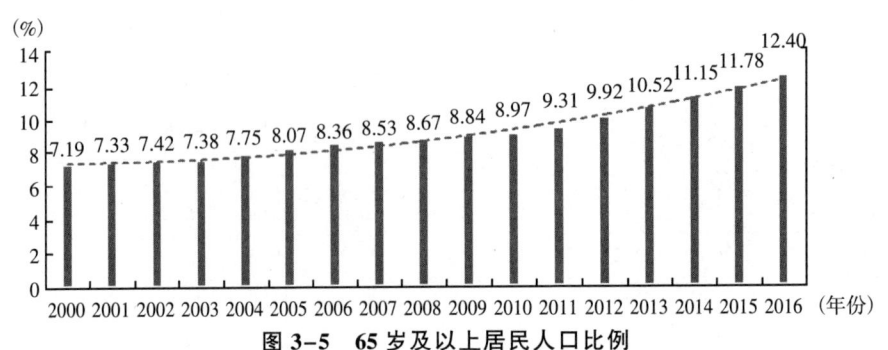

资料来源：新加坡统计局网站，http://www.singstat.gov.sg。

二、民　族

新加坡是一个多民族国家，自英国殖民者莱佛士登岛开发以来，华族、印度族、马来族和一些其他种族相继迁入，后者包括阿拉伯人、苏格兰人、阿富汗人、菲律宾人、犹太人及欧亚混血人后裔等。

华族、马来族和印度族是新加坡的三大主要民族。在新加坡居民人口中，截至 2016 年 6 月，华族（华人）人口为 292.32 万人，

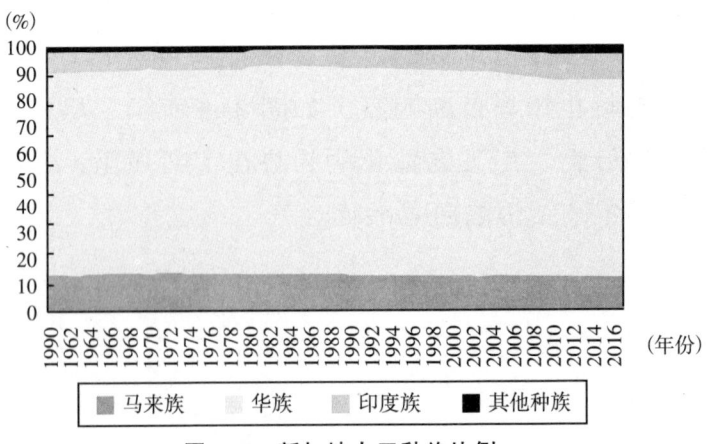

图 3-6　新加坡人口种族比例

资料来源：新加坡统计局网站，http://www.singstat.gov.sg。

占74.31%，马来族人口为52.59万人，占13.37%，印度族人口为35.69万人，占9.07%，其他族人口为12.76万人，占3.24%。

华族是新加坡最大的族群，新加坡的华人基本源自中国福建、广东和海南等地，其中大部分是福建人，其次为潮汕人、广府人、客家人和海南人等。近些年来自中国的新移民数量日趋增长，华人文化结构也越来越复杂。新加坡不仅是除中国香港旺角区、中国澳门和摩纳哥之外世界上人口密度最高的国家和地区，也是世界上除中国大陆、中国台湾、中国香港、中国澳门之外，以华人为多数族的地区[1]。

马来族是指所有具有马来西亚或印度尼西亚血统的人，可细分为马来人、爪哇人、武吉斯人、邦加人、米南加保人等，他们被看作新加坡土著人，是新加坡第二大民族。

印度族是指所有来自印度次大陆的人，包括印度人、巴基斯坦人、孟加拉人、斯里兰卡人，还可细分为泰米尔人、马拉雅兰人、旁遮普人等，是新加坡第三大民族。

三、出生率与死亡率

尽管新加坡政策采取了一系列鼓励生育的政策和措施，其生育率并未得到有效提升，2016年的总生育率仅为1.2，即平均每名女性生育1.2个小孩，低于2015年的1.24。新加坡人口出生率与死亡率如表3-4所示。

---

[1] 广东国际战略研究院.新加坡社会文化与投资环境[M].广州：世界图书出版广东有限公司，2012：7~8。

表 3-4 新加坡人口出生率与死亡率

类型	最新时期	最新数据	变化率（%）	前期数据	变化率（%）
活产总数（人）	2016	41253	−2.2	42185	−0.1
死亡数（人）	2016	19988	0.6	19862	2.4
出生率（‰）	2016	9.4	na	9.7	na
死亡率（‰）	2016	4.8	na	4.8	na
年龄标化死亡率（‰）	2016	3.0	na	3.1	na
总生育率（每名女性）	2016	1.20	na	1.24	na
婴儿死亡率（‰）	2016	2.3	na	1.7	na
平均预期寿命（岁）	2015	82.7	na	82.6	na
男性（岁）	2015	80.4	na	80.3	na
女性（岁）	2015	84.9	na	84.8	na
65 岁时预期寿命（岁）	2015	20.6	na	20.6	na
男性（岁）	2015	18.9	na	18.8	na
女性（岁）	2015	22.1	na	22.1	na

注：本表人口仅针对居民（Resident Population）。
资料来源：新加坡统计局网站，http://www.singstat.gov.sg。

在适婚年龄女子延迟结婚及生育率持续低落的两大趋势下，新加坡人口老龄化现象日益突出，20 世纪 70 年代以来，新加坡的人口赡养比持续走低，由 70 年代的 13.5 下降到 2016 年的 5.4（见图 3-7）。

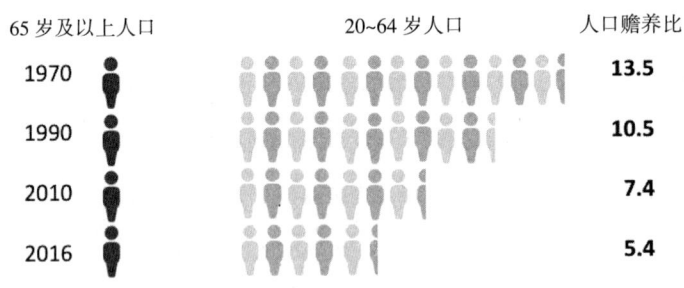

年份	65 岁及以上人口	20~64 岁人口	人口赡养比
1970			13.5
1990			10.5
2010			7.4
2016			5.4

图 3-7 老龄人口赡养比变化

资料来源：新加坡统计局网站，http://www.singstat.gov.sg。

居民人口的平均年龄不断增长，2011 年为 38 岁，2015 年增长为 39.6 岁（见图 3-8），到 2016 年已变为 40 岁。年轻人口（20 岁以下）比例不断下降，2016 年为 83.59 万人，比 2015 年下降 1.1 个百分点；65 岁及以上老龄人口在 2016 年为 48.76 万人，比 2015 年增长 6.1 个百分点（见表 3-5）。

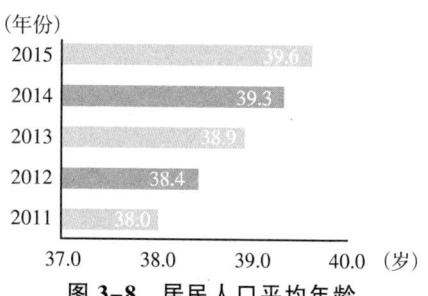

```
(年份)
2015 ────────── 39.6
2014 ────────── 39.3
2013 ────────── 38.9
2012 ────────── 38.4
2011 ────────── 38.0
     37.0   38.0   39.0   40.0  (岁)
```

图 3-8　居民人口平均年龄

资料来源：新加坡统计局网站，http://www.singstat.gov.sg。

表 3-5　居民人口年龄结构变化

单位：万人，%

类型	最新时期	最新数据	变化率（%）	前期数据	变化率（%）
20 岁以下	2016	83.59	-1.1	84.53	-1.2
20~64 岁	2016	261.01	0.5	259.77	0.5
65 岁及以上	2016	48.76	6.1	45.97	6.5
平均年龄	2016	40.0	na	39.6	na
赡养比例	2016	5.4	na	5.7	na
性别比例	2016	963	na	965	na

注：赡养比例=20~64 岁人口/65 岁及以上人口；性别比例为女性人口为 1000 时，男性人口的数量。本表人口仅针对居民。

资料来源：新加坡统计局网站，http://www.singstat.gov.sg。

与此同时，新加坡居民人口的预期寿命却在不断增长，2005 年其平均预期寿命为 80.1 岁，女性为 82.5 岁，男性为 77.6 岁；2010 年平均预期寿命为 81.7 岁，女性为 84 岁，男性为 79.2 岁；2015 年平均预期寿命为 82.7 岁，女性为 84.9 岁，男性为 80.4 岁（见图 3-9）。

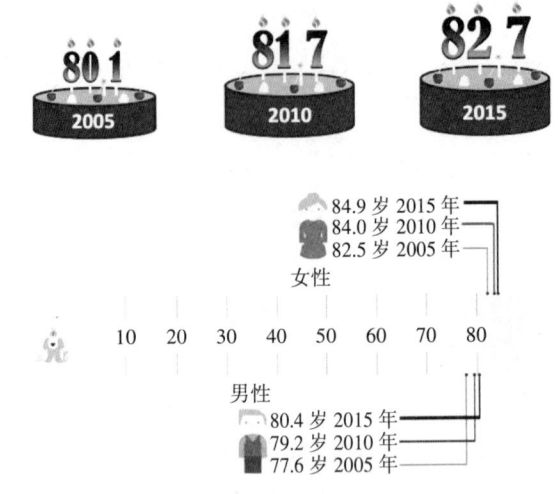

图 3-9　新加坡人口预期寿命变化
资料来源：新加坡统计局网站，http://www.singstat.gov.sg。

四、教　育

新加坡自 1965 年建国以来，一直非常重视教育，以人才立国，不断提升人力资源的质量，使新加坡取得了举世瞩目的成就。

新加坡是英联邦国家，其教育体制是从英国传统的教育制度中发展演变而来的，其目标是使每个人都能接受教育，发掘他们的才能与潜力，培养终身重视学习的热情。

由于复杂的社会多元性以及英国殖民者"分而治之"的殖民政策，各民族在办学过程中都以母语教学为主，各种语言的发展出现不平衡状态，严重影响了各民族的交流与融合，阻碍了新加坡的社会发展。面对这些问题，新加坡政府在制定教育政策时，认真谨慎地思考了教学语言的实用问题，于是双语教育政策应运而生。

为大力发展出口以带动本国经济的全面恢复和起飞，需要有足够的专业技术人员、管理人员和熟练工人来管理和使用外国先进设备和技术。因此新加坡政府把培养大批管理人才和技术工人作为重点，大力发展职业教育，开发人力资源[①]。

2015年，新加坡居民人口识字率达到96.8%，其中男性识字率（98.6%）略高于女性（95.2%）；大学毕业生15510人，相比2014年增长0.9个百分点，技术类专科毕业生26010人，相比2014年增长0.2个百分点（见表3-6）。从年度大学毕业生与技术类专科毕业生的数量对比来看，新加坡对职业教育尤为重视。

表3-6 教育情况

单位：人，年，%

类型	最新时期	最新数据	变化率	前期数据	变化率
识字率	2015	96.8	na	96.7	na
男性	2015	98.6	na	98.6	na
女性	2015	95.2	na	94.9	na
高中以上教育比例	2016	52.8	na	52.0	na
男性	2016	57.4	na	56.5	na
女性	2016	48.5	na	48.0	na
平均受教育年限	2016	10.7	na	10.7	na
男性	2016	11.2	na	11.2	na
女性	2016	10.3	na	10.3	na
大学年度毕业	2015	15510	0.9	15376	-2.7
职业类院校年度毕业	2015	26010	0.2	25956	2.2

注：识字率，调查15岁以上居民；高中以上教育比例、平均受教育年限，调查25岁以上居民。
资料来源：新加坡统计局网站，http://www.singstat.gov.sg。

由于新加坡政府极为重视教育，截至2016年6月，新加坡居民人口接受高中以上教育的比例为52.8%，相比2015年提高了0.8个百分点，其中男性接受高中以上教育的人口显著高于女性接受高中以上教育的人口。从其平均受教育年限来看，2016年平均受教育年限为10.7年，其中男性平均受教育年限为11.2年，女性为10.3年。

[①] 毕世鸿. 新加坡概论 [M]. 广州：世界图书出版广东有限公司，2012：117~124.

在15岁以上居民人口中，未受教育比例最高的是华族，13.49%，高于新加坡平均水平；其次为马来族，12.38%，接近新加坡平均水平。接受职业教育比例最高的是马来族，为10.44%，接受大学教育比例最高的是三大民族之外的其他族，其接受大学教育的比例高达62.64%，其次是印度族，为37.37%。从新加坡全国来看，其高等教育比例为43.81%，尤其是三大民族之外的其他族居民接受高等教育的比例更是高达75.83%，三大民族中只有印度族的高等教育比例超过50%，为53.52%（见表3-7）。

表3-7　15岁以上不同种族居民接受教育程度

单位：千人，%

教育程度	合计 人数	合计 占比	华族 人数	华族 占比	马来族 人数	马来族 占比	印度族 人数	印度族 占比	其他族 人数	其他族 占比
合计	2948.5	100	2272.7	100	341	100	244.6	100	90.2	100
未受教育（No Qualification）	368.1	12.48	306.7	13.49	42.2	12.38	16.7	6.83	2.4	2.66
小学（Primary）	203.4	6.90	156	6.86	31.5	9.24	14.2	5.81	1.7	1.88
初中（Lower Secondary）	236.5	8.02	179.5	7.90	35.8	10.50	17.7	7.24	3.5	3.88
高中（Secondary）	544.8	18.48	410.5	18.06	85.5	25.07	41.3	16.88	7.5	8.31
后高中（非高等教育）（Post-Secondary（Non-Tertiary））	304	10.31	207.1	9.11	66.4	19.47	23.7	9.69	6.8	7.54
职业类院校（Polytechnic）	268.1	9.09	207.6	9.13	35.6	10.44	20.7	8.46	4.3	4.77
专业资格及其他文凭（Professional Qualification and Other Diploma）	215.7	7.32	170.5	7.50	18.8	5.51	18.8	7.69	7.6	8.43
大学	807.9	27.40	634.8	27.93	25.3	7.42	91.4	37.37	56.5	62.64
高等教育	1291.7	43.81	1012.9	44.57	79.7	23.37	130.9	53.52	68.4	75.83

注：高等教育＝职业类院校＋专业资格及其他文凭＋大学。
资料来源：新加坡统计局网站，http://www.singstat.gov.sg。

第四章 水资源

新加坡是个极度缺水的国家。根据联合国教科文组织的研究，新加坡淡水供应量在全球 190 个国家中排名 170 位。历史上，新加坡一半水资源都要从马来西亚进口，这使新加坡更加懂得水资源的重要性。1965 年新加坡脱离马来西亚后，在水资源开发利用上不遗余力。新加坡高层清晰地认识到清洁高质的生活环境才是发展的目标，这是成功的基础。20 世纪 60 年代新加坡也走了先促进经济发展的道路，也是从污染中一步步走向环保，这使其成功经验更加珍贵[①]。

长期以来，用水一直是由马来西亚进口。近年来，随着全球对水资源争夺的不断加剧，新加坡政府已经越来越认识到，水资源问题同国家安全密切相关，并将其上升到战略高度予以重视。在号召国民节水的同时，不断开拓新的水源，如持续扩大集水区范围，把生活废水重新转化成新生水以及海水淡化等。

2013 年 3 月，新加坡公布其未来 50 年的水源发展蓝图，预测 2060 年新加坡用水量将比目前增加一倍，达到 7.6 亿加仑。鉴于新加坡与马来西亚签署的第二份供水协定将于 2061 年到期，新加坡将加大投资力度，努力扩大本地新生水和海水淡化产量，力争到 2060

---

① 陈晖. 生命之源的永续发展——读《清水绿地蓝天——新加坡走向环境和水资源可持续发展之路》有感[J]. 今日海南，2015（6）：47.

年使其分别满足本地 55% 和 25% 的用水需求[①]。

一、水资源量

新加坡岛上河流密布，但都又短又窄。主要河流为新加坡河，其他较小的河流有加冷河、乌鲁班尼河、邦苏业河等。丘陵和山谷间建有一些水库，如下庇亚士水库、上庇亚士水库等。

新加坡作为一个岛国，自然资源匮乏，没有腹地，没有天然的蓄水层，没有自然的湖泊可以取水或储水，唯一的本地可取水源就是雨水。尽管新加坡雨量充沛，但由于新加坡是一个四面临海的岛国，国土面积很小，河流或湖泊也较为稀少，淡水水源十分匮乏，淡水资源世界排名倒数第二，淡水危机时刻威胁着这个城市国家的生存。新加坡供水量的 50%~60% 由邻国马来西亚的柔佛水库经 40 公里管线引入，其他用水来自新加坡国内水库集水、淡化海水及再生水水源。

新加坡的国内水源主要通过集水区收集雨水存储到蓄水池，然后输送到水厂进行处理，最后进入供水管网系统。中央集水区为受保护的集水区，同时也是自然保护区，其土地专门用来收集雨水。随着需水量的逐步增加，新加坡又利用河流建造蓄水池[②]。

受岛国地理条件限制，新加坡严禁开采地下水，以防止地面沉降，因而获取水资源的主要途径就是采集雨水，这一部分主要归功于蓄水池。新加坡有很多批量的蓄水池，政府为了保护水源，严禁在蓄水池周围进行工农业开发。其中最长的实里达蓄水池长 15 公

[①] 商务部. 对外投资合作国别（地区）指南——新加坡［EB/OL］. http://fec.mofcom.gov.cn/article/gbdqzn/upload/xinjiapo.pdf，2017-02-23.

[②] 张所续，石香江. 浅谈新加坡水资源管理［J］. 西部资源，2007（5）：48~50.

里，是为解决第一次世界大战后城市用水激增问题而从 1992 年开始建设的，主要通过堵塞实里达河来形成。政府在实里达蓄水池上段和下段部分区域建立了开放式公园，供市民休闲游览。

新加坡河是新加坡的母亲河，也是新加坡的主要河流之一，总长 3.2 公里。新加坡河是早期新加坡的经济动脉、经济活动繁荣的起点。独立之前，新加坡的工业基础薄弱，经济主要依赖转口贸易，新加坡河成了新加坡最主要的经济动脉。为了增加淡水的蓄水量，政府在河口建了一个大闸门，把新加坡河改造成一个蓄水池，为居民提供饮用水源[1]。水资源消耗情况如表 4-1 所示。

表 4-1 水资源消耗情况

单位：百万立方米/年

年份	2009	2010	2011	2012	2013	2014	2015
饮用水	468.0	476.1	478.4	490.9	498.6	506.3	514.7
住宅用	277.8	281.0	281.3	284.4	286.7	291.2	297.1
非住宅用	190.1	195.1	197.2	206.5	211.9	215.1	217.6
新生水	72.0	96.4	102.4	111.4	114.1	117.1	124.8
工业用水	21.9	24.5	23.1	25.3	27.6	27.6	25.0

资料来源：新加坡统计局网站，http://www.singstat.gov.sg。

经历了 20 世纪 60 年代的水配给时代，新加坡加大了对水管理和处理能力的相关研究及相关技术开发的投资，并成功将弱项转为强项。经过 40 多年的发展，新加坡建立起规模庞大且技术先进的环保产业，并建立了多元化的可持续供水系统，即"国家四大水喉"——集水区的水源、进口食水、新生水和淡化海水。把珍贵的水资源比喻成咽喉，足见水资源在新加坡国家中的战略地位。随着全球对水及环境问题关注度的提升，新加坡致力于发展成为该行业的领导者，发展研发基地，并提供水问题的解决方案[2]。

---

[1] 毕世鸿. 新加坡概论 [M]. 广州：世界图书出版广东有限公司，2012：5~6.
[2] 孔庆山. 新加坡社会文化与投资环境 [M]. 广州：世界图书出版广东有限公司，2012：69.

二、污水处理与回收

为了缓解水源不能自给的问题给国家独立、经济发展带来的不利影响，新加坡人把目光投向了污水利用。新加坡的污水处理事业起步于20世纪初，1910年建成了第一座污水处理厂——亚历山大污水处理厂。

新加坡是岛国，周围是海，不管是生活污水还是工商业污水都可以排向大海，但这也可能为其环境带来不利影响。20世纪60年代，新加坡经济开始起飞，新加坡政府没有走西方国家先污染后治理的老路，采取经济与环境协调发展的政策，一直致力于发展综合排污系统工程，通过完全分流制排水系统，收集和处理废水。污水处理厂采用活性污泥工艺对污水进行二级处理，然后排入近海，或输送至附近再生水厂循环利用；引进膜生化反应器技术，使污水处理厂省去了预处理、曝气、沉淀等工艺，直接加膜过滤处理，效果良好，既省时省力省钱，又减少了污水处理厂的占地面积。污水处理厂鲜花盛开，绿树掩映，厂区环境整洁优美，建筑色调搭配和谐，密封的水池闻不到任何臭味。

1976年，新加坡颁布了工业污水处置法规，规定对工业废水的污染控制方法有两种：一是制定工业废水排放标准，允许自行处理后达标排放；二是监测排水口，防止污染。在生产废水排放处安装自动监测装置，超标排放时闸门自动关闭，非环境部人员无法启动闸门。如果在定期的工厂排水监测中发现超标物质，第一次超标排放的，可处以5万新元以下罚款，第二次以上超标的，每次处10万新元的罚款，严重的可追究企业负责人的刑事责任。同时，政府每年投入巨资安装污水处理设备，修建化粪场，把粪便、秽物、污水处理成肥料、燃料以及工业用水，变废为宝，消除污染。

污水再利用的初衷是能为企业和商用提供可以不达到饮用标准的水源，现在不仅可以供工商业做循环水使用，而且水质达到了饮用水标准，由污水处理而来的水取名为"新生水"。在新加坡，没有废水的概念，只要是含有水的成分，即使是污水，也可重新利用[①]。

作为近期目标，到 2020 年，污水处理得到的循环纯净水将能满足 40%的需求。新加坡计划 2030 年前后，在西部建成第六个污水处理厂，把污水处理能力提高 3 倍，到 2060 年，完全有信心仅污水处理后的新生水就能够满足 50%的需求。污水处理被新加坡政府列为最为可行的确保水源自我供给的战略之一。污水处理与回收情况如表 4-2 所示。

表 4-2 污水处理与回收

单位：百万吨

年份	2009	2010	2011	2012	2013	2014	2015
污水处理	2.63	2.76	2.86	2.93	3.02	3.04	3.02
住宅用	1.52	1.60	1.64	1.65	1.70	1.74	1.73
非住宅用	1.11	1.16	1.22	1.28	1.32	1.30	1.29
废水回收	3.49	3.76	4.04	4.34	4.83	4.47	4.65

资料来源：新加坡统计局网站，http://www.singstat.gov.sg。

新加坡四周除了与马来西亚相连的水堤，都被水包围。新加坡把目光投向了海水，向海水要淡水成为新加坡争取水源自给的一个战略目标。按照污水处理的理念和办法，只要是水就可以分离出可用的水来。新加坡动用储备基金，加大投入和研发力度。2005 年，新加坡首个采用反向渗透膜科技的海水淡化厂开幕。

[①] 张玉梅. 基于自给的新加坡水资源战略 [J]. 再生资源与循环经济，2011 (2)：40~44.

三、再生淡水

新加坡淡水资源情况如表4-3所示。新加坡从1998年开始实施"向海水要淡水"计划。新加坡通过自行设计、建造和营运计划，鼓励私人企业参与开发海水淡化行动。但由于成本和技术等方面的原因，直到2005年，新加坡才建成第一座日供水量为13.6万立方米的新泉（Sing Spring）海水淡化厂，这是迄今为止世界上最大的采用反渗透膜技术的海水淡化厂，全部投入使用后，能够满足新加坡10%的用水需求[①]。

新加坡的新生水（NEWater）技术在国际上处于领先水平。2002年8月，新加坡宣布新生水技术研发取得成功。新生水是新加坡永续供水的支柱之一，是将工业废水、生活污水经过二级处理，用先进的反渗透膜技术与紫外线消毒进一步净化而生产的水，是高质量、可回收、超纯净和可安全饮用的水，主要作为非食用水源供给电子、发电、冷却等工商业用户[②]。

表4-3 淡水资源情况（2013）

人均可再生淡水资源（立方米）	占水资源总量的比重（%）	淡水抽取量 农业用水（%）	工业用水（%）	生活用水（%）
111	31.7	4.0	51.0	45.0

资料来源：国际统计年鉴2015. http://data.stats.gov.cn。

[①] 王军，王淑燕. 水资源开发利用及管理对策分析——以新加坡为例[J]. 中国发展，2010（3）：19~23.

[②] 汪广丰. 新加坡污水处理与水资源开发[J]. 城乡建设，2013（5）：83~85.

由新加坡凯发集团设计并自主建造的新加坡第二座，同时也是目前最大的海水淡化厂——大泉海水淡化厂日前正式竣工投产。这家斥资高达10亿多新元（约合50亿元人民币）建造的海水淡化厂，日产量为7000万英制加仑，约为130个标准游泳池的水量。据悉，该海水淡化厂目前也是亚洲使用反向渗透技术最大的项目[①]。

新加坡对水源开发利用的一系列措施，也吸引了全球的水业巨头把目光投向新加坡，设立研发基地，参与新加坡的水源研发项目。

四、水资源战略

水资源短缺正成为全球性的问题，随着城市化和经济的发展，水的供给和使用正成为比能源更为紧迫的问题。长期以来，新加坡和马来西亚因为供水问题而争议不断，成为悬在新加坡生存、发展、国家尊严上的达摩克利斯之剑[②]。新加坡本土自产水资源十分有限，是个严重缺水的国家。为解决水资源问题，新加坡政府制定了符合长远需求的水资源可持续发展战略，在保护本国水资源方面进行了大胆和有意义的尝试，通过大力发展再生水、雨洪水，寻求外援购水，探索海水淡化技术，改进水质管理并且逐步降低产出和管理方面的花费[③]。

新加坡把贫水问题转变为发展的机遇和契机，以水资源的循环

---

① 新加坡建成本地最大海水淡化厂 [EB/OL]. http://news.xinhuanet.com/gangao/2013-09/25/c_125444281.htm?prolongation=1，2017-02-28.

② 达摩克利斯之剑，中文或称"悬顶之剑"，对应的英文是 The Sword of Damocles（希腊文：Δαμόκλειο σπάθη），用来表示时刻存在的危险。源自古希腊传说：狄奥尼修斯国王请他的朋友达摩克利斯赴宴，命其坐在用一根马鬃悬挂的一把寒光闪闪的利剑下，由此而产生的这个外国典故，意指令人处于一种危机状态，"临绝地而不衰"，或者随时有危机意识，心中敲起警钟等。

③ 廖日红，陈铁，张彤. 新加坡水资源可持续开发利用对策分析与思考 [J]. 水利发展研究，2011 (2): 88~91.

利用技术开发展示了其良好的国家软实力。新加坡自身淡水资源匮乏，供水的不确定性威胁着这个国家的生存和发展，新加坡通过自身努力，走出了一条独特的供水用水之路。新加坡不仅解决了水源自给问题，而且正成为全球水务的枢纽[①]。

从供应的角度看，为实现水源的自给自足，在雨水收集、海水淡化和污水处理上取得了长足的进步。具体表现为继续扩大海水淡化处理能力，到2061年，海水淡化处理能力提高10倍以上，更新扩容污水处理能力，经过污水处理的水进行重新利用，扩大雨水积水区域和面积。

新加坡计划把国土面积的90%用来做集水区域，不放过任何一滴水，当然这对地面环境提出了更高的要求。任何滴落在屋顶、庭院以及停车场的水，最终都会得到回收利用，而且保持了环境的干净卫生。

新加坡在节水、开发水、用水等方面取得的成功，吸引了全世界的目光，成为继城市花园美誉之后的又一亮点。基于水源开发和利用的技术不仅体现了循环经济模式的重要特征，也是展示该国国家软实力的重要方面。新加坡公用事业局采取了"未雨绸缪、多管齐下"的水资源策略，不仅确保了供水的安全，还通过"新生水"、淡化海水的生产成本来制约日益增长的外购水水价，同时还向缺水国家输出水资源开发技术[②]。

新加坡极具远见地提出要力争成为全球水务枢纽的目标，并将全球环保产业确定为战略性增长领域。新生水的诞生和推广，使新加坡在污水治理和再循环领域走在了国际前列，不仅实现了从依赖走向自立的转变，而且开始不断向外输出水资源解决方案。水务在

[①] 张玉梅. 基于自给的新加坡水资源战略 [J]. 再生资源与循环经济, 2011 (2)：40~44.
[②] 廖日红, 陈铁, 张彤. 新加坡水资源可持续开发利用对策分析与思考 [J]. 水利发展研究, 2011 (2)：88~91.

环保产业中约占40%，因而被视为世界最大的商机之一，新加坡预期在未来10年内，将自身在全球水务市场的占有率提升到3%。新加坡政府成立了新加坡环境与水业发展局，推动水务业的国际合作项目，开拓海外市场[①]。

[①] 汪广丰. 新加坡污水处理与水资源开发[J]. 城乡建设，2013 (5)：83~85.

第五章　工业地理

自独立以来，新加坡政府十分重视工业发展，不断调整工业发展战略，形成了以发展制造业为主、建筑业和公共设施建设为辅的工业格局[①]。新加坡现为世界电子产品最重要的制造中心之一和第三大炼油中心[②]。

新加坡工业的发展经历了由独立初期的劳动密集型产业，逐步成长为附加值高的资本和技术密集型工业，进而发展至如今知识密集型工业的历程。与此同时，新加坡政府高度重视环境保护，在保护好"花园城市"美誉的同时建设了发达的工业，是工业建设与环境保护和谐共存、相互促进的典范[③]。

2015年新加坡工业产值为980亿新元，占国内生产总值的25%。制造业产品主要包括电子、化学与化工、生物医药、精密机械、交通设备、石油产品、炼油等产品[④]。

[①] 毕世鸿. 新加坡概论 [M]. 广州：世界图书出版广东有限公司，2012：241~242.
[②][③] 袁海燕，钟一鸣. 新加坡经济社会地理 [M]. 广州：世界图书出版广东有限公司，2014：68.
[④] 商务部. 对外投资合作国别（地区）指南——新加坡 [EB/OL]. http://fec.mofcom.gov.cn/article/gbdqzn/upload/xinjiapo.pdf, 2017-02-23.

一、工业发展概述

独立后，新加坡政府结合本国国情制定了一系列工业发展战略，并在不同的经济发展时期予以适度调整，可大致分为以下四个阶段：

（一）劳动密集阶段

建国初期以传统手工业为主，如软饮料、砖土陶瓷、玻璃、印刷、木材、橡胶等行业。由于国内企业规模较小，工业基础较为薄弱，新加坡面临一系列的发展难题。当新加坡急需发展机会之际，一波新的浪潮在世界经济中迅速掀起：为了生产低劳动力附加值的产品出口西方，跨国公司四处寻找低成本的加工或组装基地进行投资。工业全球化现象开始出现，新加坡抓住此次机会，在国外加大对新加坡的宣传和招商引资，在国内则加紧对各种工业基础设施的建设，并实行各种税收优惠政策，吸引劳动密集型的跨国企业到新加坡投资[1]。

（二）技术密集阶段

1978年，新加坡基本实现了全民就业，但是这一时期劳动力供应紧张，贸易保护在世界范围内兴起，东南亚其他国家发展速度逐渐加快，到新加坡投资的企业也随之减少。面对上述问题，新加坡选择了攀爬到世界经济的更高端来抵消失去劳动密集型产业的损

---

[1] 汪明峰，袁贺.产业升级与空间布局：新加坡工业发展的历程与经验[J].城市观察，2011（1）：66~77.

失。1979年，新加坡开始实施为期三年的工资增加政策，来增加企业的成本，迫使企业改进生产工艺，逐步淘汰劳动密集型产业[①]，发展技术密集型产业并且实行各种政府支持、财政补贴政策，使企业逐步实现机械化、自动化和电脑化[②]。20世纪80年代初期，新加坡政府开始充足经济结构，将制造业朝着资本密集型和技术密集型方向转化。产品研发、工程设计、软件开发等行业逐渐兴起，吸引着以国际著名跨国公司为投资主体的电脑、电脑配件、石化等产业相继落户。

（三）资本密集阶段

在20世纪80年代早期，世界上发达国家对船舶和石油的需求减少，这导致新加坡的船舶修造、炼油等行业发展缓慢，到20世纪80年代中期，这种需求下降对新加坡经济的影响逐渐显现出来[③]。新加坡政府认识到，由快速工业化所带来的机会已经消失，要想保持经济持续发展必须及时调整工业策略，发展附加值更高的产业。此后，新加坡政府通过一系列的优惠政策和优良的工业基础设施大力引进石油工业、精密仪器制造、化学工业等一批资本密集型产业，并注重金融和服务业的发展。

1986~1997年是新加坡经济高速发展的黄金时期，国内生产总值从187.63亿美元增长到1001.64亿美元，增长率高达433.84%。进入20世纪90年代后，新加坡已经跻身亚洲新兴工业国行列，具备整体商务开发能力。政府大力发展高新科技，先后拨款60亿新元，作为国家科技发展计划，发展高科技基地[④]。高科技产业中的电

[①] HutF, W. G. Patterns in the Economic Development of Singapore [J]. The Journal of Developing Areas, 1987, 21 (3)：305-326.
[②] 汪明峰，袁贺. 产业升级与空间布局：新加坡工业发展的历程与经验 [J]. 城市观察，2011 (1)：66-77.
[③] Akkemik, K. A. Industrial Development in East Asia: A Comparative Look at Japan. Korea, Taiwan and Singapore. Singapore: World Scientific, 2009.
[④] 刘仁伍. 东南亚经济运行报告 [M]. 北京：社会科学文献出版社，2007：107.

子业逐渐发展为本地制造业的龙头企业，到 2000 年其产值已经占据新加坡制造业的 48%，电子产品出口占国内产品出口的 55%，新加坡已是全球重要的集成电路芯片和磁盘驱动器的生产基地。

在工业如火如荼发展的同时，鉴于新加坡在金融、交通、商业、酒店餐饮等行业取得了同步的快速发展，新加坡政府正式将制造业和服务业作为经济发展双引擎计划。

（四）知识密集阶段

20 世纪 90 年代末期，生物医学、信息技术等高科技产业成为世界发达国家争相发展的重点领域。为抢占经济增长制高点，新加坡政府又瞄准生命科学等研究领域投入巨资，试图使生命科学成为新加坡的下一个经济支柱。

表 5-1　新加坡的产业升级过程

发展阶段	1960~1978 年	1979~1985 年	1986~1998 年	1998 年至今
产业发展重点	劳动密集型产业 服装 纺织 玩具 家具 电子部件	技术密集型产业 集成电路 计算机 工业电子设备	资本密集型产业 石油化工 晶片制造 信息传播	知识密集型产业 生物医学 信息产业 媒体资讯
主要产品	糖、肥皂、啤酒、其他的饮料、家具、电视机、原油提炼、基础的化学品、汽车组装、家用电器、半导体组装水泥、建筑用钢	工业电器、外围设备、集成电路测试和其他精确度较高的工程部件、精制化学品、石油化学产品和医学设备	晶片构造、集成电路设计、生物技术研发、石油化工中心、信息和媒体服务、启勤、教育和其他	生物医学、生物科技、医疗保健、资讯传播、媒体

资料来源：Seetoh K. C. Ong AHF. Achieving Sustainable Industrial Development Through a System of Strategic Planning and Implementation: The Singapore Model. In: Wong, T.-C., Yuen. N. Goldblum, C. (eds). Spatial Planning for a Sustainable Singapore. Dordrecht: Springer, 113-133.

新加坡通过不断调整工业政策和适时进行产业升级（见表 5-1），用 40 多年的时间走完了发达国家 100 多年的工业化进程，并首创以工业园区为主导的开发模式，从而成为众多发展中国家学习的标杆[①]。

二、工业园区

在不同的产业发展阶段，新加坡通过合理的工业布局，规划建设了各种各样的工业园区为工业发展提供空间和载体，并实现了居民就近就业，减轻了交通压力。而且，将生态系统的概念引入工业园区的规划中，使工业发展对环境的影响降到最小，实现工业和城市的可持续发展。

（一）工业园区的起步：1960~1978年

新加坡政府于1961年在裕廊地区划定64.8平方公里土地作为工业发展的载体，并首创工业园区的发展模式。裕廊位于新加坡西南部的海滨地带，距市区约12公里，面积约60平方公里，附近有裕廊港（Jurong），基础设施及工业原料较为齐备。这一时期由于新加坡的工业主要是劳动密集型，新引进的电子工业也主要是以基础电子元器件组装测试和消费类电子产品为主，而人口主要集中在新加坡岛南部、新加坡河口两岸的市中心地带，为了引导人口向工业区流动，同时改善国民的居住环境，新加坡政府开始在市中心的外围兴建新镇，以疏散市中心区的人口并开展市中心的重建工作。

（二）科学园的起步：1979~1985年

到20世纪80年代上半期，裕廊工业区的整体发展建设已几近

[①] 汪明峰，袁贺. 产业升级与空间布局：新加坡工业发展的历程与经验 [J]. 城市观察，2011（1）：66~77.

完成，各路客商的用地需求也已基本得到满足。为了配合产业升级战略发展高科技产业，新加坡政府于 1980 年在新加坡国立大学附近建立新加坡科学园，以促进研发机构集聚并与其他研究机构、高科技公司产生协同效应。

（三）产业园的扩展：1986~1998 年

20 世纪 90 年代初，新加坡开始了裕廊岛的填海合并工程，把裕廊南部的 7 个小岛连接起来，面积总和为 930 公顷。目前裕廊岛已成为世界第三大石化中心，岛上集中了许多化学工业的上游和下游的公司，石油精炼、装仓、石油化学产品的生产，专用化学品的制造，石油交易，钻井设备的制造等都可以在裕廊岛上完成[1]。同时，岛上还建立了两个物流园区：邦岩物流园区（Banyan Logispark）和美兰提物流园（Meranti Logispark），为入驻企业提供全方位的物流服务和供应链支持。

（四）科技园的拓展：1998 年至今

20 世纪 90 年代后期，伴随着知识经济时代的来临，信息产业和生命科学等知识密集型产业成为新加坡政府的重点发展对象。为了促成产业集聚，新加坡政府建立了纬壹科技城，主要发展生物医学、资讯传媒等知识密集型产业。进入 21 世纪，世界航空业发展加速。为了抓住此机遇，同时也为了与樟宜地区的临空产业相呼应，新加坡政府在 2006 年决定打造实里达航空园来实现航空产业集群化。

经过 40 多年的发展，新加坡的产业从劳动密集型产业逐渐升级到技术、资本和知识密集型产业。同时，新加坡政府根据世界经济的发展形势、产业发展特点，并结合各产业之间的关系以及本国

---

[1] Pillai, J. Importance of clusters in industry development: a case of Singapore's petrochemical industry [J]. Asian Journal of Industry and Innovation. 2006, 14（2）: 1-27.

地理环境特点，以工业园区为载体，合理进行产业布局，促进了经济的发展，目前新加坡已有大小工业园区 30 余个。

三、制造业

制造业是新加坡经济发展的一个重要组成部分，其创造的产值占新加坡 GDP 和总出口额的比例分别超过四分之一和一半。经过 40 多年的发展，新加坡制造业创造的产值占新加坡 GDP 的比例已从 1960 年的 11% 增加到 2005 年的 27%，到 2015 年下降为 18.6%。

2016 年新加坡制造业总产值 270455.3 百万新元，相比 2015 年下降 5.0%，增加值为 69328.8 百万新元，相比 2015 年增长 0.5%。从单位劳动成本来看，2016 年新加坡制造业成本呈下降趋势，相比 2015 年下降 4.5%（见表 5-2）。

表 5-2 制造业情况

项目	最新时期	最新数据	变化率（%）	上期数据	变化率（%）
工业生产指数（2015 年为 100）	2016 年 12 月	122.4	21.3	108.7	11.8
总产值（百万新元）	2016 年	270455.3	−5.0	284691.2	−7.2
增加值（百万新元）	2016 年	69328.8	0.5	69001.5	8.2
从业人员（千人）	2016 年	381.9	−5.3	403.3	−3.2
工资（百万新元）	2016 年	21040.1	−2.9	21678.0	−0.6
单位劳动成本的变化（%）	2016 年	107.3	−4.5	112.3	5.5

资料来源：新加坡统计局网站，http://www.singstat.gov.sg。

截至 2014 年，新加坡制造业固定资产总额为 1606.6 亿美元，固定资产净额为 682.57 亿美元（见表 5-3）。从制造业的主要生产统计来看，新加坡制造业企业/工厂数量与从业人员均呈现减少态势，且在 2015 年，其制造业产出相比 2014 年有较大幅度的下降。

表 5-3 制造业主要生产统计

单位：百万美元

年份	2009	2010	2011	2012	2013	2014	2015
企业/工厂（个）	9296	9090	9008	9577	9303	9106	na
从业人员（人）	417569	414176	418324	424622	424505	416406	400173
原材料	124673	151927	169380	168685	163561	167343	141273
工资	16950	17987	18965	19694	20722	21806	21592
其他运营成本	52956	62251	65163	70676	76021	75551	na
制造业产出	218567	261364	281703	288279	285431	291424	267856
总产出	227708	274403	295529	301551	299624	306642	282979
增加值	50080	60225	60986	62189	60042	63748	70417
净利润	25996	34979	34758	34475	31486	33800	na
直接出口	151418	179108	190093	192261	189935	189639	182231
固定资产净额	47242	51760	57773	58930	64107	68257	na
固定资产总额	120826	128971	132025	140440	150830	160660	na

资料来源：新加坡统计局网站，http://www.singstat.gov.sg。

从制造业的行业发展来看，新加坡前六大制造业产业，计算机、电子产品和光学产品，化学品及化学制品，焦炭和精炼石油产品，机器设备，基本医药产品和医药制剂，以及其他运输设备的产值占据了制造业总产值的84%以上（见图5-1）。

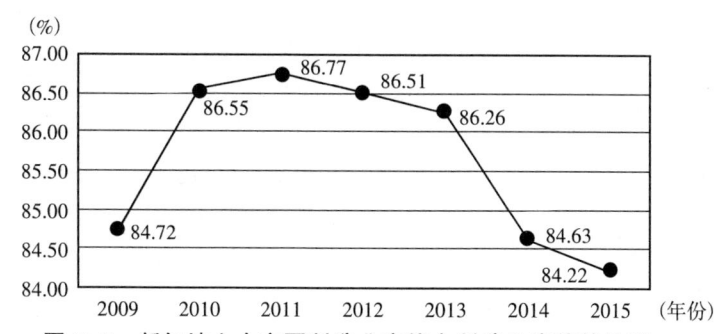

图 5-1 新加坡六大主要制造业产值占制造业产值的比重

资料来源：新加坡统计局网站，http://www.singstat.gov.sg。

分行业制造业总产值统计如表 5-4 所示。

表 5-4 分行业制造业总产值统计

单位：百万美元

代码	产业	2009	2010	2011	2012	2013	2014	2015
10/11/12	食品、饮料和烟草	7735.7	8472.3	9626.8	9817.9	9811.0	10352.0	10585.5
13	纺织品	91.6	54.1	65.9	59.4	61.6	50.4	50.1
14	服装	677.2	613.6	629.7	573.9	478.1	353.7	243.0
15	皮革制品	89.7	99.7	137.6	157.9	171.1	159.2	156.0
16	木制品	268.7	245.3	248.3	339.1	349.4	367.4	352.2
17	纸和纸制品	1018.0	1129.0	1085.2	1041.5	1103.8	1143.1	1094.8
18	记录媒介物的印刷及复制	2623.0	2676.4	2677.4	2467.4	2352.4	2376.6	2307.7
19	焦炭和精炼石油产品	35388.5	42325.9	55968.7	57229.4	51027.0	46359.5	32911.1
20	化学品及化学制品	27781.3	38230.6	42723.8	41121.1	50019.7	55340.4	47597.3
21	基本医药产品和医药制剂	17078.7	18061.1	21618.9	25121.1	16920.2	16891.3	17749.0
22	橡胶与塑料制品	2134.9	2360.4	2189.0	2061.8	2020.2	2011.2	1917.2
23	非金属矿产品	2027.6	1880.5	2138.7	2500.9	2630.6	2168.2	2114.0
24	基本金属	1027.9	1158.8	1329.3	1255.2	1044.9	1387.4	1284.3
25	机械设备除外的金属制品	9041.8	9332.4	9468.1	9822.9	9639.6	9653.7	8576.6
26	计算机、电子产品和光学产品	77978.3	101827.6	95066.6	91861.8	93938.2	89463.6	93075.5
27	电力设备	2712.3	2524.4	2515.5	2661.5	2666.4	2768.5	2750.6
28	机器设备	19000.2	21710.8	25553.5	28403.5	28987.1	33905.2	30673.7
29	机动车、挂车及半挂车	578.3	723.1	780.8	808.6	1021.7	1089.2	1210.6
30	其他运输设备	15698.4	15333.7	15495.7	17135.8	17557.3	17554.6	16308.5
31	家具	1037.8	1116.1	1092.2	1010.6	1300.5	968.9	852.0
32	其他制造业	3718.3	4527.5	5117.0	6099.4	6522.9	12277.8	11169.1
	合计	227708.2	274403.3	295529.0	301550.7	299623.8	306641.8	282978.9

资料来源：新加坡统计局网站，http://www.singstat.gov.sg。

四、石油化工

新加坡是世界第三大炼油中心和石油贸易枢纽之一,也是亚洲石油产品定价中心,日原油加工能力超过130万桶,其中埃克森美孚60.5万桶,壳牌公司45.8万桶,新加坡炼油公司28.5万桶。2014年石化工业总产值1034.8亿新元,占制造业总产值的34.1%,就业人数2.62万人。主要产品包括石油、石化产品及特殊化学品,企业主要集聚在裕廊岛石化工业园区[①]。新加坡强大的炼油能力和集散交易能力成就了新加坡在亚洲油品市场上的话语权。因此,新加坡掌控了亚洲油品市场价格行情,成为亚洲石油产品定价中心和继纽约、伦敦之后的世界第三大石油贸易中心。

新加坡在发展炼油工业的同时,也着手发展石化产业。1977年,新加坡和日本各出资50%,成立了新加坡石油化学公司。新加坡强大的炼油实力、港湾优良的设备及优化的信贷和税收政策,吸引了很多国外资本投资新加坡的石化产业。20世纪80年代中后期以后,世界石化产品需求量迅速扩大,亚太地区各国的需求以5%~9%的速率增长,而1991年的海湾战争削弱了中东石化工业的生产能力,从而为新加坡石化工业的迅猛发展创造了有利条件。1989年和1992年新加坡政府将其持有的新加坡石化公司的50%股份分两次转让给英荷壳牌集团,实现了石化民营化。1994年石化产业增长率高达20%,1995年增长率达到了创纪录的34.5%。由于东南亚地区石化产品的市场被持续看好,同时新加坡经济发展局出台了政

---

① 商务部. 对外投资合作国别(地区)指南——新加坡 [EB/OL]. http://fec.mofcom.gov.cn/article/gbdqzn/upload/xinjiapo.pdf, 2017-02-23.

策，政府表示将支持能提供关键原理的战略项目和下游增值工程，美国、日本、欧洲和新加坡本土的企业家纷纷在新加坡投资设厂。截至1995年7月，参加新加坡石化联合企业一期和二期项目的企业就有17家之多，其中合资企业12家，独资企业5家。

新加坡石油化学公司主要生产乙烯、丙烯，并为其他石化公司提供优质的压缩空气、石化材料和蒸汽等。新加坡的石化材料和产品小部分供应国内市场，大部分出口国外，因此石化产业高度依赖国外市场。1998年，因东南亚各国对石化产品需求减少，新加坡石化产业的发展受到了一定的阻碍，其发展速度一度下降到原来的60%左右。

新加坡石化产业主要有三大类：一是炼油和石油化工（乙烯、化纤）产业，二是特殊化工和液体仓储产业，三是为石化产业集群提供服务的公用工程系统。新加坡石油化学工业的另一个特征就是"化学群"战略，是上下游产品链接，开发出许多化学衍生产品，形成一个大而全的石化产品供应基地。

新加坡政府为了扩大炼油和石化的国际竞争优势，建立了基础设施完善的能源与石化产业中心裕廊岛，其是新加坡综合性能源化工中心，是世界排名前10位的石化中心之一。目前，裕廊岛已经形成了完整的石化产业集群。裕廊岛凭借得天独厚的海运条件、强大的港口吞吐能力、充足的原材料供应优势和完备的化工体系，吸引了众多美、日、欧石化厂商前来投资，形成了具备极高差异化优势的完善的上下游产业一体化发展模式，即裕廊岛垂直一体化的工业结构[1]。

---

[1] 毕世鸿等. 新加坡 [M]. 北京：社会科学文献出版社，2016：159~160.

五、化学工业

化学工业是新加坡制造业的第二大工业，仅次于电子工业，包括石油、石油化工和专用化学品三大行业。尽管新加坡本土自然资源匮乏，但其充分利用邻国丰富的石油资源作为基础原料来发展本国的化学工业，同时借助本国位于马六甲海峡出入口这个重要的战略地位，新加坡成为东南亚地区重要的炼油中心、世界第三大炼油中心和亚洲石油产品定价中心。凭借着区域石油化工中心的地位，新加坡吸引了众多世界领先的石油、石油化工与专用化学品巨头进驻，如埃克森美孚、雪佛龙—德士古石油公司、巴斯夫、日本住友化学公司和三井化学等。

新加坡的化学工业始于 20 世纪 60 年代，最初只是为了满足国内需求。经过几十年的发展，美、日、欧等发达国家和地区的大企业几乎都在新加坡投资设厂，从而使新加坡的化学工业形成了今天的规模。这和新加坡政府对化学工业发展具有明确的发展战略是分不开的。近年来，新加坡在吸引化工投资方面，获得了巨大的成功。利用亚太地区中心地位以及政府优惠政策，新加坡已成为快速增长的化工基地[1]。

在化学工业快速发展的同时，新加坡也在加快绿色化工的发展步伐，即采用生物燃料逐步取代石油燃料。新加坡利用印度尼西亚和马来西亚等邻国丰富的棕榈树资源，大力发展生物燃料，同时还努力开发特种化学品，用于生产个人护理品——添加剂和生物塑料[2]。

---

[1] 吴音.新加坡化学工业[J].国际化工信息，2001（S4）：20~22.
[2] 毕世鸿等.新加坡[M].北京：社会科学文献出版社，2016：159~160.

裕廊岛作为化学品生产基地吸引了众多跨国公司前来投资。新加坡政府通过经济发展局（EDB）和裕廊城市公司（JTC）来规划该岛的发展。裕廊岛生产化学品成功的关键在于能建立一体化的生产设施，在原材料来源、公用工程和后勤服务等方面，都能为新的投资者准备齐全。装置规模的经济性也进一步提高了该岛作为化学品生产中心的竞争能力。新加坡有良好的海运条件，濒临亚洲市场，也是吸引外资的重要因素。新加坡的发展目标是成为知识经济驱动的有活力的世界级化学工业中心和21世纪化学品生产基地[1]。

六、电子工业

新加坡电子工业是在1965年基本空白的基础上发展起来的，目前已成为东南亚地区在计算机、半导体和消费类电子产品方面有影响的生产基地和国际电子贸易中心之一。新加坡电子工业的高速发展引起了亚洲各国电子业界的瞩目[2]。

电子工业是新加坡三大支柱产业之一，电子制造业是高附加值产业，消耗原料少，污染小，容易运输，在布局上不必要接近原料产地和消费地，主要是需要雄厚的技术力量。因此，发展电子制造业是新加坡工业发展的最佳选择。此外，新加坡周边国家的工业比较落后，电子制造业的发展水平还处于初级阶段，这为新加坡的电子制造业提供了广阔的市场。目前，新加坡电子产品的出口额已跃居亚洲第三位。2014年电子工业总产值826.9亿新元，占制造业总产值的27.2%，就业人数7.14万人。主要产品包括半导体、计算机

---

[1] 钱伯章. 新加坡发展化学工业的经验和跨国公司的投资战略[J]. 现代化工，2001（1）：56~61.
[2] 王懋庆. 新加坡电子工业的发展研究[J]. 电子与自动化，1994（3）：9~13.

外部设备、数据存储设备、电信及消费电子产品等[①]。

20世纪60年代，半导体装配业在新加坡兴起。70年代，欧美国家开始信息技术革命，对电子计算机、家用电器、电子零部件等的需求急速增加。新加坡抓住机遇，大力发展电子产业，并取得了较为突出的成绩。80年代，新加坡电子制造业迅速发展，1986年产值达128.27亿新元，1990年产值达299.99亿新元，产值增长了1.3倍。同时，投资额也快速增长，1980年，投资额为3.93亿新元，1990年上升到11.97亿新元。

进入20世纪90年代，随着跨国公司积极开发和生产技术密集型产品，新加坡电子工业开始发展集成电路设计和晶片生产，此时不仅能生产大批量的发电机、电冰箱、冷气机等，还可以生产大量的电子计算机、彩色电视机、高级集成电路、雷达及宇航设备等以供出口。新加坡电子企业门类比较齐全，产品种类繁多，而且高附加值的电子产品所占比重逐年上升，到1990年高附加值电子产品产值已占GDP的12.3%。

1994年，新加坡电子业总产值达493.5亿新元，占制造业总值的49.4%，电子产品的出口占制造业产品出口的44.8%。20世纪90年代末，新加坡根据本国制造业的特点，将电子工业作为发展重点，逐步形成产品优势。2001年，在制造业增加值中，电子类所占比重达到38%，电子及精密工程在制造业的固定资产投资中占65%。该产业已成为推动经济增长的主要动力，每年提供约1.4万个新的工作岗位，其中62%的岗位要求专业及熟练劳动者。

新加坡发展局计划将新加坡发展成为世界一流的电子和精密工程中心，巩固新加坡制造业在全球市场中的重要位置，并使其占据高附加值环节。2007年，新加坡电子工业增加值为108.4亿美元，

[①] 商务部. 对外投资合作国别（地区）指南——新加坡［EB/OL］. http://fec.mofcom.gov.cn/article/gbdqzn/upload/xinjiapo.pdf，2017-02-23.

出口为473.6亿美元，其中半导体产业已成为新的支柱产业，占电子制造业出口额的58%。

半导体产业是新加坡电子工业的重要产业，20世纪90年代初半导体产业的总产值占电子工业总产值的20%左右。2009年，新加坡半导体产能为全球产能的11.2%，在全球半导体行业中扮演了重要角色。新加坡半导体产业从IC设计、芯片制造，再到封装和测试，已经形成了成熟的产业生态环境。2010年，新加坡国内外市场对智能手机、平板电脑和计算机零部件的需求进一步增长，新加坡电子行业不断加大研发力度，向高附加值转移。目前，新加坡半导体相关企业数量已经超过300家，分别来自北美、欧洲、日本等多个国家和地区，其中包括40家IC设计公司、14家硅晶圆厂、8家特制硅晶圆厂、20家封测公司，以及一些负责衬底材料、制造光掩膜的企业[1]。

七、建筑业

建筑业也是新加坡国民经济的支柱产业。新加坡国内建筑业主要由三个部分组成：一是业主，二是咨询公司，三是承包商。它们的职能和关系与国际惯例相同[2]。

（一）业主

新加坡国内最大的业主是建屋发展局（HDB），它成立于20世纪80年代初，目前90%的新加坡人住房都是由它修建。政府从公

---

[1] 毕世鸿等.新加坡[M].北京：社会科学文献出版社，2016：161~162.
[2] 陆彦，海智波.新加坡建筑业发展及现状分析[J].东南亚纵横，2010（4）：58~60.

积金局里贷款给建屋发展局，作为启动资金，修建组屋（住房），然后出售给新加坡公民。新加坡公民可以动用自己的公积金以分期付款的方式购买组屋，组屋建设已形成了融资—建设—售卖—资金回笼—再投资的良性循环。

（二）咨询公司

除了政府咨询公司，其他的咨询公司都是专业化的私人公司。在新加坡，私人咨询公司业务范围主要在建筑方面，土木工程方面相对较弱，一般都是聘请外国公司作为顾问，或者组成咨询公司联合体。

（三）承包商

承包商分为通用建筑、土木工程和桩基公司，其资质等级（投标能力）按照财政能力、专业人员及三年内完成项目总额分为一级到八级。一级为最低，只允许投标50万新元以下的工程，八级为最高级，投标能力不受限制。新加坡不同等级的建筑公司结构呈现较合理的金字塔形。

新加坡建筑业经历了戏剧性的增长，也经历了五个明显的低潮阶段。其中1985~1988年是新加坡自1965年建国以来建筑业产值跌幅最大的阶段，在1986年最低潮的时候，建筑业缩水高达23%。1997年新加坡建筑业增长率曾经达到15%，但受1998年亚洲金融危机的影响下降到4.4%，1999年更是负增长12%，直到其他经济领域陆续摆脱危机阴影的时候，建筑业依然不景气。2005年，新加坡建筑业GDP在2004年萎缩6.5%的基础上，再次出现1.5%的下滑，但下滑速度已明显放缓。2006年新加坡建筑业GDP开始出现正增长，进入又一个发展阶段。

新加坡建筑业虽然经历了好几次低潮，但是新加坡政府都会通过强有力的措施进行协调，甚至制定新的法规，如对外国劳工配额的规定来调整建筑业，使其顺利发展。从整个新加坡建筑业的发展历程及现状来看，公共工程起着非常重要的调节作用。在新加坡建筑业产值中，公共工程占据了60%以上的比例，且40多年来基本保持了这一比例，这使新加坡政府对于建筑业的调整可以通过对公共工程的进度调整（开工或缓建）来进行[1]。

---

[1] 陆彦，海智波. 新加坡建筑业发展及现状分析[J]. 东南亚纵横，2010（4）：58~60.

第六章　农业地理

作为一个城市国家，新加坡用于农业生产的土地占国土总面积1%左右，产值占国民经济不到0.1%，主要由园艺种植、家禽饲养、水产养殖和蔬菜种植等构成[1]。由于国土面积有限，新加坡一直重视发展高科技农业，高效利用国土资源，生产最适合本国种植的农产品，养殖更具经济效益的观赏鱼。

新加坡根据土地面积少的自身特点，在种植业结构上，大力发展果树、蔬菜、花卉等经济作物；在产业类型上，以高产值出口型农产品，如种植热带兰花、饲养观赏用的热带鱼等为主；在粮食结构上，主要限于鱼类、蔬菜和蛋类的生产，蔬菜仅有5%自产，绝大部分从马来西亚、中国、印尼和澳大利亚进口。新加坡在全球的观赏与出口市场上占有支配性的份额，全世界所有的水族馆里都可见到新加坡的热带鱼。水产养殖业主要是海洋鱼类与水产贝壳类产品、淡水鱼及观赏鱼类；园艺业方面，主要产品为叶菜类、豆芽和观赏植物，如兰花与水生植物[2]。

---

[1] 商务部. 对外投资合作国别（地区）指南——新加坡 [EB/OL]. http://fec.mofcom.gov.cn/article/gbdqzn/upload/xinjiapo.pdf，2017-02-23.
[2] 王常雄. 新加坡都市现代农业发展的启示 [J]. 上海农村经济，2016（8）：39~41.

一、农业概况

新加坡在1965年独立后大力发展制造业，目前以服务业为主，农业一直处于薄弱地位。1980年农业和渔业总产值3.22亿新元，仅占GDP的1.3%，而1990年产值下降到1.76亿新元，仅占GDP的0.2%。

20世纪70年代以来，新加坡耕地面积一直在减少，1977年耕地面积减少至10286公顷，占国土面积的16.6%；1980年减少至8093公顷，占国土面积的13%；到1987年，其耕地面积仅剩3000公顷，仅占国土面积的4.83%；2002年，农业用地面积进一步减少到807公顷，占全部国土面积的1.18%[①]。

新加坡的农业产品主要有海产品、蔬菜、鸡蛋、观赏鱼、兰花、观赏植物等（见表6-1）。

表6-1 农业本地产量

年份	2008	2009	2010	2011	2012	2013	2014	2015
海产品（吨）	5141	5688	5232	5599	5547	6775	6372	7695
鱼类	3593	4357	4919	5094	5127	5864	5632	6536
其他海产品（贝类）	1548	1331	312	505	420	911	740	1159
内陆养殖海产品（吨）	1623	2122	1733	1618	1970	1644	1434	1264
蔬菜（吨）	18967	19584	19491	20355	21405	21785	22720	23039
叶菜类（吨）	8760	9719	9347	9436	10227	10308	10848	11420
其他菜类（吨）	10207	9865	10144	10919	11178	11476	11872	11619
鸡蛋（百万枚）	338	333	340	384	402	438	433	421
观赏鱼（百万尾）	134	121	112	110	106	114	109	77

---

① 毕世鸿.新加坡概论[M].广州：世界图书出版广东有限公司，2012：262~263.

续表

年份	2008	2009	2010	2011	2012	2013	2014	2015
兰花（百万茎）	11	10	10	11	10	9	10	8
观赏植物（百万株）	40	40	40	41	38	41	48	na

资料来源：新加坡统计局网站，http://www.singstat.gov.sg。

二、都市农业

独特的地理条件和良好的气候特征，使新加坡拥有旺盛的动植物系统和优越的旅游资源。面对农产品难以自给的困境，新加坡探索了一条通过大力发展高科技、高产值的都市农业，实现农业经济加速发展的道路[1]。

新加坡都市农业主要是现代集约的农业科技园，其发展以追求高科技和高产值为目标。农业科技园计划的提出始于20世纪80年代中期，目的是推动高新技术农业的发展，推广农业科技成果，并开展国际农业技术咨询服务。

目前，新加坡建有6个农业科技园，每个园内都有不同性质的作业，如养鸡场、胡姬花园（出口多品种胡姬花）、鱼场（出口观赏鱼）、牛羊场、豆芽农场和菜园等，每个小农场平均占地约2000平方米。这些农场应用最新、最适用的技术，以取得比常规农业系统更高的产量。如新加坡著名的热带花卉——胡姬花、新加坡的国花——卓锦万代兰、观赏用的热带鱼等，年出口值达6000万~7000万美元[2]。

新加坡一直大力兴建科学技术园，为农业科技园等提供技术支

---

[1] 毕世鸿. 新加坡概论[M]. 广州：世界图书出版广东有限公司，2012：262~263.
[2] 王常雄. 新加坡都市现代农业发展的启示[J]. 上海农村经济，2016（8）：39~41.

撑，科技专业人员通过在科学技术园的技术实验不断推出创新技术成果，并将相关技术成果输送至农业科技园，保证了新加坡农业科技园的领先地位，也催生了农业产品的高产值[①]。如今，新加坡的农业科技园已成为集农产品生产、销售及观赏于一体的综合性农业公园，园区内展示国内先进农业科技成果，每年吸引大量游客前来参观。

三、渔 业

尽管新加坡四面环海，但沿海渔业资源并不丰富，渔业也不发达，在国民生产总值中所占的比例不大，但鱼类和水产制品是当地人民动物蛋白的重要来源。为了使鲜鱼的进口满足本国日益增长的需求，新加坡利用作为世界主要港口的优越条件高度发展转口贸易，1969年在裕廊开辟了占地16公顷的商业集散综合企业，该综合企业每天能经营鲜鱼约250吨，以供应国内的消费[②]。

20世纪70年代，新加坡渔获量在1.52万~1.92万吨变动，在全部渔获量中，均为海产鱼类，内陆河沿海养殖产业很少。1975年渔获量为17560吨，其中海洋产量16928吨，占总量的96.4%，淡水产量为632吨，占渔获量的3.6%。20世纪80年代渔业产量约为15532吨，渔产品进口量达80440吨。远洋渔业在新加坡渔业中占主要地位，新加坡不断改进捕捞技术，增添机动渔船，渔船作业的单产量是邻国的3~4倍，渔船队远航南海、西太平洋和东印度洋，一次可在海上连续作业半个月到两个月。国家还设有渔业学校，专

[①] 毕世鸿. 新加坡概论 [M]. 广州：世界图书出版广东有限公司，2012：262~263.
[②] 毕世鸿. 新加坡概论 [M]. 广州：世界图书出版广东有限公司，2012：264~265.

门对渔民进行培训。由于新加坡经济和社会的快速发展，目前新加坡本地渔民的子女大多不愿继承祖业，本地渔民越来越少。近年来，新加坡出海捕鱼的深海渔船，超过95%是外国劳工操作，这些劳工来自印度尼西亚、缅甸、泰国等[1]。

新加坡食用鱼主要依靠进口，年人均鱼类消费约45公斤，2015年海鲜水产进口12.4万吨，主要供应国为周边的印度尼西亚、马来西亚和泰国。

表6-2 海产品供应与批发

单位：吨

年份	2008	2009	2010	2011	2012	2013	2014	2015
海产品供应								
本地产量	5141	5688	5232	5599	5547	6775	6372	7695
进口	138898	134756	134546	132937	128147	126567	123107	124369
出口	44416	39083	40215	32311	29649	26334	17237	23064
海产品批发	67288	65332	58888	62635	61405	59094	54000	49431

资料来源：新加坡统计局网站，http://www.singstat.gov.sg。

新加坡的沿岸水产养殖面积约为600公顷，还可利用的水产养殖面积约有1000公顷。新加坡有约100家水产养殖场，大部分分布在乌敏岛和林厝港的海域，主要饲养鲈鱼、虎斑、红鲷等鱼类以供应本地消费市场。由于新加坡淡水资源稀缺，新加坡政府鼓励民众积极发展海水养殖场[2]。

---

[1] 衷海燕，钟一鸣. 新加坡经济社会地理［M］. 广州：世界图书出版广东有限公司，2014：62~63.
[2] 毕世鸿等. 新加坡［M］. 北京：社会科学文献出版社，2016：155~156.

四、观赏渔业

新加坡属热带海洋气候,在热带观赏鱼的养殖方面具有得天独厚的条件,因此新加坡重点发展了海水观赏鱼养殖,目前新加坡已成为世界最大的观赏鱼出口国,被誉为"世界观赏鱼之都"。在新加坡的养殖渔业中,占主导地位的是观赏渔业。

新加坡的观赏渔业起步较晚,20世纪60年代开始,随着橡胶业的衰落,一部分当地农民只能另谋出路,因为观赏鱼行业所需资本金少、生产成熟周期较短,使它成为许多农民和城市失业工人再就业的理想选择。由于国外市场需求增加和新加坡政府的支持,新加坡逐渐成为世界观赏鱼最重要的养殖中心和贸易中心。进入21世纪,随着科技成熟,观赏鱼养殖业也从劳动密集型行业转型为技术密集型行业,一举成为新加坡农业中的支柱产业和出口优势产业[1]。

新加坡观赏鱼产业主要分布在西北面和东北面。这是因为南方土地成本较高。新加坡飞机场在东南方,其城市建筑主要在南方发展,如果用于观赏鱼养殖,就会加大其生产成本。西北面是新加坡军事地区、军队驻地或训练场,城市发展不快,土地比较便宜,更适合养鱼养花。北边与马来西亚只相隔一条狭窄的海峡,环境更是得天独厚,因此北边有许多养殖公司,并且在马来西亚境内开设分公司,总体来说新加坡的观赏鱼养殖经营的地理分布合理[2]。

新加坡十分重视海水观赏鱼养殖,采用引进国外优良品种和开发利用本国的地方优质品种相结合的方法,杂交繁育了许多深受人

---

[1] 衷海燕,钟一鸣.新加坡经济社会地理[M].广州:世界图书出版广东有限公司,2014:64~66.
[2] 段有洋,勾维民,高文斌.新加坡观赏渔业分析及对我国的借鉴意义[J].河北渔业,2009(5):56~60.

们喜爱的优良美丽的观赏鱼类，成绩显著。全球主要经营的500多个品种的观赏鱼，在新加坡都能买到。在新加坡众多的养殖品种中，数量最多的是孔雀鱼，因为其寿命短（约1.5岁）、价格低（每条0.1~1美元）、消费更新快；其次是霓虹灯。一些价值高的鱼类像南美猫鱼和亚洲龙鱼的养殖在新加坡也更具特色[1]。

1989年起，新加坡每年都举办国际观赏鱼大赛，每两年举办一次水族展，吸引了大量国际观赏鱼爱好者，同时极大地宣传了本国观赏鱼企业，为扩大知名度提供了良好的平台。新加坡农兽局除制定严格的管理规范将整体产业纳入正轨外，对观赏鱼的研究进展也是不遗余力予以支持，为从业者提供了更多的发展空间。另外，由于土地及水资源有限，观赏鱼养殖又属于精确性高的产业，因此新加坡不断推动养殖方法的改进，正逐步推广以循环水的方式来增加养殖密度，从而减少自然资源的浪费[2]。

目前，新加坡有近400家观赏鱼养殖场，其负责人不仅是观赏鱼养殖专家，且是水族品制造家。观赏鱼的生产经营已辐射到马来西亚、泰国、中国等周边国家，国内批发商、零售商和消费者可享受一条龙服务。新加坡观赏鱼产业形成了国内外经营与贸易的崭新格局[3]。

五、畜牧业

畜牧业不是新加坡的主要产业，受国土面积制约，新加坡没有

---

[1] 段有洋，勾维民，高文斌. 新加坡观赏渔业分析及对我国的借鉴意义［J］. 河北渔业，2009（5）：56~60.
[2] 衷海燕，钟一鸣. 新加坡经济社会地理［M］. 广州：世界图书出版广东有限公司，2014：64~66.
[3] 毕世鸿等. 新加坡［M］. 北京：社会科学文献出版社，2016：156~157.

大规模的禽类、生猪养殖场。其畜牧业只能满足国内的部分需求，95%以上的禽类、肉类商品需要从国外进口，主要有马来西亚、美国、巴西等国。随着新加坡的畜牧业由传统的家庭经营逐步走向集约化、专业化，加之新加坡不断引进国外先进技术、畜禽品种，畜禽数量不仅大幅增长，而且质量也不断提高，从而在一定程度上解决了用地有限、养殖成本高的难题。然而，其禽类、肉类基本依靠进口的局面在短时间内难以得到有效解决[①]。

新加坡养猪业兴起于20世纪50年代，兴盛于20世纪七八十年代，最终于1990年全面取消。近年来，新加坡鸡、鸭、猪的屠宰量保持了较为稳定的发展态势。2015年，新加坡家禽屠宰量为5361万羽，其中鸡4800.8万羽，鸭560.2万羽；生猪出栏屠宰量为33.4万头。

表 6-3 禽畜屠宰量

年份	2008	2009	2010	2011	2012	2013	2014	2015
家禽（千羽）	47709	48922	50976	52156	51995	53048	52216	53610
鸡	41312	43075	44659	46196	46099	47036	46132	48008
鸭	6398	5847	6317	5960	5896	6012	6084	5602
猪（千头）	333	282	289	311	324	330	335	334

资料来源：新加坡统计局网站，http://www.singstat.gov.sg。

---

① 毕世鸿等. 新加坡 [M]. 北京：社会科学文献出版社，2016：155.

第七章　能源地理

新加坡能源匮乏，依赖进口石油、天然气、煤炭等资源支撑本国经济发展。新加坡采取通过市场谈判建立多方供应渠道的方法使能源不受单一国家制约，保证能源安全，另外在裕廊岛建设了大型石化能源产业基地。在工业部门，新加坡积极推进各企业使用能源效率高的设备，给予企业政策、资金方面的支持，鼓励企业进行能源研发投资，使其进一步完善电热联产用，建筑设计中充分考虑减少能源消耗，结合花园城市建设，通过立体绿化，减少建筑能耗，实现低碳排放。在清洁能源方面，新加坡80%的电能都由作为清洁能源的天然气提供。新能源利用考虑到经济成本，主要发展垃圾发电和生物质能利用，占能源利用总量的10%左右[1]。

新加坡能源业在亚洲能源市场处于先锋地位。1891年石油贸易开始以来，石油工业已成为新加坡经济不可分割的一部分。多年来，炼油业已成为石油工业发展的催化剂，它为化工业发展提供了必不可少的原料，从而使我国化工业保持竞争力。今天，新加坡已成为亚洲无可争议的石油业枢纽，也是世界三大出口炼油中心之一。新加坡也积极探寻发展机会，实现能源工业的可持续性增长。重点将放在启动生物柴油生产和开发利用可再生能源的新技术方面。独特的地理优势、卓越的存储基础设施和一流金融机构，对于

---

[1] 毕世鸿等. 新加坡 [M]. 北京：社会科学文献出版社，2016：159~160.

加强新加坡在炼油、贸易及物流方面的领先地位，起着至关重要的作用。

2007年11月，新加坡政府推出了题为"发展能源，促进成长"的全国能源政策报告，报告阐述了新加坡未来能源政策的基调，即在经济效益、能源保障、环境可持续性及产业发展四个政策性目标中求取平衡，确保能源供应稳定及充足[①]。

新加坡是亚洲重要的石油和天然气枢纽，石油天然气行业2007年产值几近新加坡国内生产总值的5%。新加坡是能源业在区域开展研发活动的理想之地。这个产业正迅速成为替代燃料和新一代生物燃料的研发基地，并引导研发活动向润滑油等高价值产品发展。基于在精炼业发展中的不懈努力，新加坡在一些关键研发领域取得进展，如加工优化，以及能够更充分地利用现有炼油资产的催化剂研发。

一、石油与天然气

尽管新加坡在国内没有生产任何石油，但该国是一个重要的石油贸易和炼制中枢。为减少对石油进口的依赖，越来越多的国家将天然气作为一种替代燃料来源，使全球对液化天然气（LNG）的需求量迅速增长。这种需求在亚太地区尤为强劲。而且，与其他多数矿物燃料相比，天然气对环境造成的污染也最小。目前，新加坡80%的电力资源都来自天然气。

尽管新加坡国内不生产石油，但国内公司已积极从事海外石油勘探和生产。1990年10月新加坡股市上市的新加坡石油有限公司

---

① 孔庆山. 新加坡社会文化与投资环境 [M]. 广州：世界图书出版广东有限公司，2012：68.

（CPC）目前在越南Tonkin湾SongHong盆地的近海102和106区块拥有20%的参与股权。2004年10月，该公司在区块106的首个勘探井Yentu-1X发现石油和天然气[①]。

据《油气杂志》统计，截至2014年1月，新加坡炼油能力合计为134.45万桶/日，共有3家炼厂，在全球排第15位、亚太地区排第5位。新加坡炼油厂的加工能力和复杂程度在全球居领先地位，其中，埃克森美孚在裕廊岛的亚逸查湾岛炼厂加工能力为59.35万桶/日，全球排名第6；壳牌在新加坡普劳布科姆炼厂加工能力为46.2万桶/日，全球排名第14；新加坡本土的梅里茂岛炼厂加工能力为29万桶/日。

为了适应如此强大的炼油加工能力，近年来新加坡新建和扩充的周边油库，具备超过亿桶原油及成品油的储存和集散能力，吸引了全球50多家大型石油公司在此设置经营总部和数百家中小型石油贸易公司全天候交易集散。

作为亚洲最重要的石油集散地和炼油基地之一，新加坡的炼油业主要由壳牌、埃克森美孚和新加坡石油公司（SPC）把持：埃克森美孚所属炼厂主要出口高硫（硫含量0.5%）和低硫（硫含量500ppm）柴油；壳牌所属炼厂主要出口硫含量在0.596的高硫柴油；新加坡国家石油公司主要出口硫含量为500ppm的低硫柴油（均为普氏规格）。

纵然有如此强大的炼油能力，新加坡对油品的需求却很小，炼厂的油品主要销往国外，因此新加坡的成品油出口量非常大，其中出口最多的是轻柴油，其次是燃料油与车用汽油。目前，通过新加坡买卖原油现货总额占世界原油现货贸易总额的15%~20%，这使新加坡港的油品运输业务变得更加繁忙。

近几年来，新加坡天然气消费呈现繁荣景象，主要因为政府规

[①] 黄风. 新加坡石油与天然气工业概况[J]. 中国石油和化工经济分析, 2006 (17): 38~40.

划鼓励电力生产企业使用天然气。新加坡所需天然气全部依靠进口，主要用于电力生产和石化生产。伴随着政府推动一个旨在减少二氧化碳和硫排放、确保能源安全及提升该国成为一个一体化天然气管网的地区枢纽的政策，新加坡天然气用量正在快速增长[①]。

已然成为全球石油交易中心的新加坡，正计划把握区域特别是澳洲 LNG 供应的增加，以及亚洲特别是中国和印度等国采购 LNG 的买家增多的优势。2015 年，新加坡拟建立一个国内天然气交易市场，以助力把新加坡打造成液化天然气交易中心的计划，并把握住 LNG 在亚洲能源市场崛起所带来的商机。

从新加坡燃气销量来看，其使用量呈现逐步增长趋势，如表 7-1 所示。

表 7-1 燃气销售情况

年份	2009	2010	2011	2012	2013	2014	2015
管道燃气（民用）（百万立方英尺）	1461.4	1535.2	1599.4	1641.3	1662.7	1666.2	1695.4
住宅用	629.5	627.6	642.2	663.6	671.2	687.9	711.7
非住宅用	831.9	907.6	957.2	977.7	991.6	978.4	983.9
液化石油气（净吨）	111547.2	113653.1	104582.0	103610.5	105601.5	95396.9	96820.3

资料来源：新加坡统计局网站，http://www.singstat.gov.sg。

二、电　力

电力供应的利用在新加坡的高速经济发展中，发挥了重要的作用。居民及商业对供电可靠性的要求日趋提高，同时也希望能享受到更好的电价，积极促进经济稳定发展。新加坡政府认为，建立高

[①] 黄风. 新加坡石油与天然气工业概况 [J]. 中国石油和化工经济分析，2006（17）：38~40。

效率、现代化、可靠性高兼顾的电力系统，构建现代化机制的竞争性的电力市场，同时通过产业结构的重整以及公司化运作，可以提高电力产业的整体效率。

新加坡电力市场化改革始于 1995 年，实现了"发电侧有竞争、用户侧有选择，市场决定价格，有效配置资源"的改革目标，改革成效显著[1]。1995 年之前，新加坡电力工业的发、输、配都由国有企业承担。从 1995 年 10 月起，新加坡政府开始改革，由上至下综合电力供应产业以促进发电与供电分销的市场竞争，即在电网公司和用户间增加私人零售商。1998 年 4 月 1 日，建立电力供应批发市场，新加坡电力供应交易中心开始运作，揭开了电力体制改革的序幕。在改革的背景下，新加坡电力逐步完成厂网分离、成立监管机构与能源市场公司，发电和零售企业私有化。目前已经成为高度市场化的成熟市场，市场高效运行[2]。

新加坡目前的电力市场于 2003 年 1 月正式运行，按照"放开两头，监管中间，交易和调度独立"的模式设计，市场结构如图 7-1 所示。在批发市场上，发电商实行竞价上网，零售商按照竞价形成的统一价格支付其用户的用电量；在零售市场上，零售商以不同种类的价格套餐向自选电力用户供电，非自选用户则按政府管制电价向市场支持服务商购电。市场主要成员包括新加坡能源局、能源市场公司、新加坡电网公司和新加坡能源服务公司。

新加坡实行发电和零售许可证制度，截至 2014 年底，共有 12 家发电商和 10 家零售商（见表 7-2）。发电侧呈"三大三小"格局，前六大发电商的容量份额超过 90%，而且这六家发电商均成立了零售公司。

---

[1] 蔺通, 姜红军, 吴少杰, 张建府, 王鑫. 新加坡电力市场化改革对我国的启示 [J]. 中国能源, 2015 (12): 21~25, 40.
[2] 黄豫. 新加坡电力体制改革的历程及启示分析 [J]. 南方能源建设, 2016 (1): 36-40.

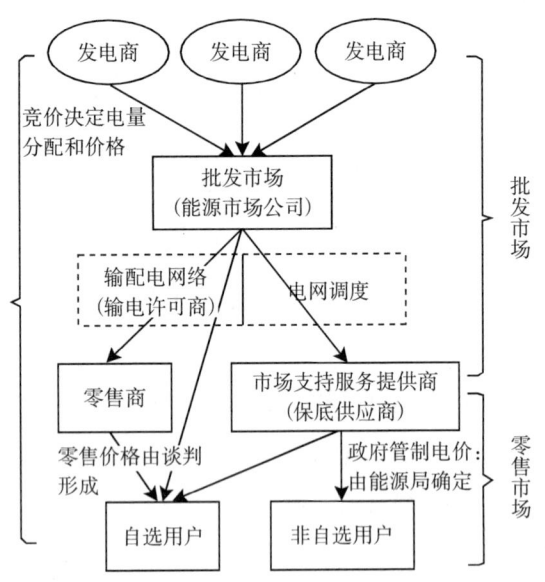

图 7-1　新加坡电力市场结构

资料来源：蔺通，姜红军，吴少杰，张建府，王鑫. 新加坡电力市场化改革对我国的启示 [J]. 中国能源，2015（12）：21~25, 40.

表 7-2　新加坡发电商和零售商情况

序号	发电商 名称	装机容量 (MW)	市场份额 (%)	零售商 名称	市场份额 (%)
1	Senoko Energy	3300	25.7	Senoko Energy Supply	21.6
2	YTL Power Seraya	3100	24.1	Seraya Energy	20.9
3	Tuas Power Generation	2475.9	19.2	Tuas Power Supply	19.7
4	TP Utilities	133.5	1.0		
5	Keppel Merlimau Cogen	1340	10.4	Keppel Electric	19.8
6	Semb Corp Cogen	1188.8	9.2	Semb Corp Power	12.4
7	Pacific Light Power	800	6.2	Pacific Light Energy	5.6
8	Exxon Mobil Asia Pacific	220	1.7	Diamond Energy	
9	Shell Eastern Petroleum	60	0.5	Hyflux Energy	
10	NEA	179.8	1.4	CPvT Energy Asia	
11	Senoko Waste-To-Energy	55	0.4	Sun Electric Power	
12	Keppel Seghers Waste-to-Energy	22	0.2		
	合计	12875	100		

资料来源：蔺通，姜红军，吴少杰，张建府，王鑫. 新加坡电力市场化改革对我国的启示 [J]. 中国能源，2015（12）：21~25, 40.

目前，新加坡电力零售商向自选用户提供的电价产品主要有四种。一是固定电价，价格在 1~3 年内保持不变，零售公司通过在燃料期货市场上进行套期保值来锁定合同期的燃料成本；二是指数电价，电价跟随燃料价格指数变化；三是管制折扣电价，即在政府管制价格基础上给予一定折扣；四是按批发市场电价结算。用户也可以选择以上几种定价方式的组合。

新加坡工业用户用电量占 40%，商业楼宇用户占 30%，居民用户占 20%，中小企业用户占 10%。零售市场随着改革的推进逐步放开。2001 年 7 月，用电功率超过 2000kW 的用户可以选择零售商购电，约 250 个用户获得用电选择权，用电量占全部用电量的 40%；2003 年，约 10000 个月用电量超过 10000kWh 的用户获得用电选择权，自选用户用电量占比上升至 75%；之后自选用户的月用电量门槛逐步降低至 2015 年的 2000 Wh。

2015 年，新加坡共发电 50271.5 千兆瓦小时，用电 47513.8 千兆瓦小时，如表 7-3 所示。

表 7-3 发电与用电量

单位：千兆瓦小时（Gigawatt Hours）

年份	2009	2010	2011	2012	2013	2014	2015
发电量	41813.3	45360.5	46000.1	46971.2	47963.3	49310.0	50271.5
用电量	38822.9	42251.8	43007.2	44200.6	44948.7	46402.9	47513.8
工业用电	15570.2	17662.5	18077.4	18572.4	18842.7	19753.2	20088.0
制造业	14544.1	16452.8	16756.6	17116.7	17241.9	17993.7	18279.7
建筑业	308.3	337.8	363.0	443.7	490.5	527.1	531.0
公用事业	691.9	843.4	928.5	978.9	1074.8	1198.0	1235.1
其他工业用电	25.9	28.5	29.3	33.1	35.5	34.4	42.2
商业与服务业用电	14800.1	15469.7	15876.3	16366.1	16718.6	17046.6	17481.0
批发与零售	1821.4	1923.0	1898.8	1909.4	1967.1	2020.5	2107.4
食宿服务	1169.2	1219.6	1251.4	1275.1	1326.6	1332.3	1350.2
信息与通信	866.0	925.5	988.6	1084.4	1149.1	1294.5	1426.7

续表

年份	2009	2010	2011	2012	2013	2014	2015
金融与保险	1865.4	1927.0	2003.2	2204.2	2257.9	2574.1	2718.1
房地产	4050.8	4346.2	4454.7	4522.6	4532.4	4485.7	4454.6
专业、科学和技术，及行政和辅助	778.4	885.8	934.1	930.8	932.7	681.0	713.7
其他商业与服务业用电	4248.8	4242.7	4345.5	4439.6	4552.8	4658.5	4710.3
交通运输用电	1607.8	2098.7	2224.2	2328.6	2369.1	2441.0	2444.8
家庭用电	6430.8	6636.0	6482.7	6629.5	6754.9	6924.4	7220.9
其他用电	414.0	384.9	346.6	304.0	263.4	237.7	279.1

资料来源：新加坡统计局网站，http://www.singstat.gov.sg。

三、能源动力产业

新加坡的炼油工业是在20世纪60年代随着新加坡实施以发展进口替代工业化为中心的经济发展战略而开始发展的，是由外国石油公司利用新加坡的良好地理位置、港湾设施以及新加坡政府所提供的税收优惠而在新加坡设立炼油厂来揭开新加坡炼油工业发展史的。20世纪60年代新加坡的炼油工业主要是为新加坡国内工业发展而带动的国内市场需求提供石油产品，其发展的规模与速度有着一定的限制。进入20世纪70年代以后，新加坡的经济发展战略方向从着重发展进口替代工业转向重点发展面向出口工业，面向出口工业与其他经济部门的迅速发展，以及近邻发展中国家的工业化所带动的急剧扩大的石油产品需求促使了新加坡炼油工业迅速发展，新加坡炼油工业的真正发展时期正是20世纪70年代。新加坡的炼油工业在70年代已经发展成为新加坡制造工业部门的三大支柱工业部门（炼油工业、电子与电气机器工业、修船与造船工业）之首，并于80年代发展成为世界第三大炼油中心和亚太地区石油产品贸易中心[①]。

新加坡为满足本国对船用燃料和航空煤油的需要,从20世纪60年代开始发展炼油业,从此迈入炼油时代。1960年,英荷壳牌石油公司首先在新加坡设立炼油厂,随后英国石油公司和美国莫比尔石油公司分别在新加坡设立子公司。20世纪60年代,新加坡的炼油业主要是为了满足国内市场需求而生产,其炼油规模和技术十分有限。1969年,炼油日产量仅20万桶左右,占世界炼油总量的0.3%。进入20世纪70年代,新加坡工业也进入发展的黄金时代,各炼油厂开始扩大生产规模,到1975年,新加坡炼油能力已经达到日产92万桶,占东南亚地区炼油能力的40%。

1973年,第一次石油危机爆发,原油价格大幅度上涨,引发了全球经济危机。受美日等国经济的影响,1976年新加坡五大炼油厂的炼油能力下降了超过一半,直到1979年才恢复到日产92.1万桶。此时,新加坡的炼油业在世界上仅次于美国的休斯敦、荷兰的鹿特丹,位居第三。20世纪80年代中期,第二次石油危机爆发,印尼停止与新加坡的委托加工炼油合同,1985年和1986年新加坡的炼油业出现大幅滑坡,产值分别下降了11.4%和36.6%,炼油开工率仅为69%和76.6%。到1989年,五大炼油厂总炼油能力恢复到日产83万桶,仅占亚太地区的6.8%。

进入20世纪90年代,亚太地区经济高速增长,各国对石油产品的需求不断增加,这为新加坡炼油业的发展带来了新的机遇。伴随着各国对石油产品品质要求的不断提升,石油产品向轻质化、低铅化、低硫化发展,使新加坡加快技术、设备的开发,并优化石油产品结构。炼油业的快速发展,使新加坡石油公司发展成为大型区域性石油天然气公司,其主要业务包括原油炼制、市场营销与分

[①] 汪慕恒. 新加坡的炼油工业 [J]. 南洋问题研究,1994 (2):56~63.

销、原油及石油产品的加工及存储和邮轮运输等。新加坡拥有世界一流的炼油厂、安全等级极高的油品系列和超大型储存中转设施。

半个世纪以来，新加坡炼油业逐渐发展壮大，现已成为亚太地区最大的炼油中心。新加坡因港而兴，往来船只数量巨大，轮船、飞机需要的燃料油数量和品种不断增多，使新加坡成为国际上主要的燃料油消费市场。新加坡炼油业的主要服务方向是加工出口，即从马来西亚等地进口原油，加工后再向日本、中国香港、马来西亚、美国等国家和地区出口。

新加坡位于西亚原油产地和东方石油消费区之间，是巨大的国际海运和空运枢纽，借助优越的地理位置，新加坡通过进口原油再加工，大力发展炼油工业和石油化学工业，使其炼油业取得了巨大成就，并一跃成为世界重要的炼油中心和亚洲石油交易市场。近年来，新加坡新建和扩充的周边油库，具有超过亿桶原油及产品的储存和集散能力，吸引了全球超过50家大型石油公司再次设立经营总部，并成为数百家中小型石油贸易公司的交易集散地。因此，新加坡掌控了亚洲油品市场价格的话语权，成为亚洲石油产品定价中心[1]。

为将能源业发展推上新台阶，新加坡致力于将现有的炼油能力提高到每天130万桶。扩大现有炼油厂的规模、优化炼油产业不仅有助于保持我国在全球炼油产业中的地位，更重要的是，也有利于提升面向出口的炼油吞吐量，推动石油贸易的增长。

新加坡综合性能源化工中心——裕廊岛拥有大量石油储存设施，为能源贸易和生产提供了便利。到2010年，裕廊岛地下储油库（Jurong Rock Cavern）建成后，储油量将成倍增长，能够储存147万立方公尺的原油、凝析油和石脑油。新加坡也正在兴建第一个液化天然气接收站，使能源的来源多元化，也可带动相关经济效益的增长。这些创新的基础设施解决方案对确保能源工业的持续增长和竞

---

[1] 毕世鸿等.新加坡[M].北京：社会科学文献出版社，2016：157~159.

争力至关重要。

四、洁净能源

面对全球气候变暖、能源枯竭、快速城市化等问题，人类对解决方案和环保产品解决的需求正日益提高，在占全球人口一半以上的亚洲地区尤为如此。因此，新加坡将洁净技术行业视为一个战略性的经济增长点。新加坡正在努力促进洁净技术行业的开发、提高劳动力素质、培育新加坡企业、国际推广及创造具有活力的行业生态系统。新加坡也欢迎洁净技术企业将新加坡当作一个"生活实验室"，测试并示范新型行业。基于新加坡地处热带、日照充足的独特地理优势，新加坡将洁净能源发展的重点放在太阳能上，相关资源也会投入燃料电池、天然燃料资源、风能、潮汐能、能源效率和碳业务[1]。

（一）发展现状

全球洁净能源技术市场未来十年对高辛烷值燃料的需求将持续强劲，洁净能源也日渐成为新加坡的重要产业。新加坡在半导体、工业设备及化工产业方面的丰富经验及生产和技术基础，创造了开发太阳能、燃料电池及生物燃料市场的良机。

由于风能资源的限制，新加坡不能像其他国家一样发展大型风力发电场。风机要发出合理高效的电力，平均风速需要大于5m/s。除了沿海地区和近海岛屿，新加坡没有丰富的风资源，平均风速一般小于2m/s。尽管目前没有并网安装运行的风能，但新加坡可以发

---

[1] 孔庆山.新加坡社会文化与投资环境 [M].广州：世界图书出版广东有限公司，2012：66~67。

展微型风电技术（可以在小于 2m/s 的风速下发电）。

就太阳能辐射量在全球的分布而言，新加坡的太阳能开发利用潜力巨大。新加坡年平均日照率约为每天 4.4 个峰值日照小时，比政府大力发展太阳能作为可替代能源的日本、德国和美国都要多。因为新加坡可以利用的太阳能资源大于能源需求，所以大力发展太阳能具有可行性。半导体行业的经验为新加坡提供了工业基础和熟悉硅技术的员工。硅是太阳能光电板的主要材料。新加坡城市地形也为发展系统集成能力和光伏建筑一体化（Building Integrated Photovoltaics，BIPV）提供了机会。新加坡组屋（Housing and Development Board，HDB）已经对太阳能电池板投资了约 2.3 亿美元。截至 2011 年底，新加坡并网的商业太阳能光伏装置有 120 个，总容量 5.26MWp；并网的居民太阳能光伏装置有 36 户，容量 0.29MWp。

2010 年，新加坡启动开发船用燃料电池计划。新加坡海事及港务局（MPA）和淡马锡理工学院启动了船用燃料电池新研究，用以促进新加坡环保航运。新加坡 Horizon 生产的 PEM 燃料电池是世界公认的能量密度最高、数量级为最高水平的燃料电池。如果该公司开发用于民航的燃料电池能成功，地球温室气体排放将减少 4%~9%，并且还能降低燃料费用。

2011 年，中国广东核电集团（China Guangdong Nuclear Power Holding Corporation，CGNPC）新加坡生物质能光电一体化项目的启动使新加坡向成为亚太地区清洁能源中心又迈进了一步。该项目 2013 年竣工，一期工程耗资 3372 万美元，生物质和太阳能共同发电容量为 9.9MW。通过木材和园艺废料从垃圾向能量的转换，结合屋顶光伏发电装置，该电站提供了解决新加坡能源需求的"绿色"方式。

新加坡潮汐发电技术先进。未来几年，新加坡将普及大规模的太阳能板，生物燃料为电力来源的一部分，海洋发电也将达到后期测验阶段。潮汐能是可再生能源之一，具有不消耗燃料、用之不竭、没有污染、不受水量影响的优点。潮汐能发电不排放废气废渣废水，不占用耕地。潮汐电站的堤坝较低，较容易建造，投资也较少[①]。

新加坡政府为保持该国作为"清洁绿色城市"的形象做出了不懈努力，其中包括一个全面的缓解气候变化的政策、广泛的水资源循环利用、不断增长的循环利用率以及绿色空间的不断推动。商业界也响应号召发挥了积极的作用。很多政府机构也以各种方式参与到清洁能源产业中来，包括新加坡科技研究局（A*STAR）、新加坡房屋建设局（BCA）、新加坡国际企业发展局（JE）、新加坡经济发展局（EDB）、新加坡能源市场管理局（EMA）以及国家环境署（NEA）[②]。

新加坡大力发展可再生能源在能源工业中的应用。新加坡政府通过构建能源研发基础设施和科技试验平台，建立能源研发项目，设立能源技术研发战略资金等措施推动可再生能源发展。

（二）政府措施

（1）2007年4月新加坡成立了清洁能源计划办事处（Clean Energy Programme Office，CEPO），旨在实现和协调各种研究和科技试验项目。国家研究基金会（National Research Foundation，NRF）清洁能源战略研究项目的目标是把新加坡发展为全球清洁能源中心，发展清洁能源产品及解决方案并出口全球。清洁能源行业涉及范围很广，新加坡国内主要重点领域是太阳能。新加坡还打算建立世界一流的研发中心和通过研究生奖学金发展清洁能源人力资源。

（2）国家研究基金会的清洁能源研究计划（Clean Energy Research Programme，CERP）旨在启动新加坡可再生能源研发活动。

---

① 付学谦.新加坡可再生能源概况［J］.电力需求侧管理，2013（4）：62~64.
② 新加坡清洁能源产业：新型的可持续经营之路［J］.交通世界（运输·车辆），2008（Z1）：112~113.

该计划有助于技术能力发展，加速清洁能源工业在新加坡的增长。清洁能源研究计划首先用于太阳能技术领域，共有1000万新元奖励给了8个研究团队。拟定的研究包括薄膜光伏和高效聚光电池。

（3）智能电网研究中心（Experimental Power Grid Centre，EPGC）是隶属于新加坡科技发展局（A*STAR）的研究机构。该机构的建立旨在为发展清洁能源和可持续能源解决方案提供技术支撑。该中心配备当今全世界规模最大的微电网指挥控制设施。

（4）新加坡能源市场管理局设立市场发展基金（Market Development Fund，MDF）用于促进太阳能、风能、海洋能、氢和燃料电池等非传统发电技术科技实验，对于电力市场具有很重要的作用。

（5）2007年启动用于激励新加坡清洁能源应用研究的清洁能源研究与实验计划（Clean Energy Research and Testbedding Programme，CERT）。高达1700万新元被分配给支撑科技实验项目，包括建筑和各种政府机构设施。

（6）太阳能能力计划（Solar Capability Scheme，SCS）用于鼓励高效建筑物的创新设计和太阳能技术集成[①]。

[①] 付学谦.新加坡可再生能源概况[J].电力需求侧管理，2013（4）：62~64.

第八章 交通运输

新加坡基础设施完善，拥有全球最繁忙的集装箱码头、服务最优质的机场、亚洲覆盖范围最广的宽带互联网体系和通信网络。目前，新加坡交通发达、设施便利，是重要的国际空运，是世界重要的转口港及联系亚、欧、非、大洋洲的航空中心。

2006年，新加坡陆路交通管理局（以下简称陆交局）全面审视了新加坡陆路交通发展政策与规划，特别是1996年"白皮书"《打造世界一流的陆路交通系统》中阐述的关于建设世界一流的陆路交通系统的政策规划，并制定了未来的策略与规划。为鼓励公众参与、发表观点与见解，新加坡组织了"2020年交通挑战"和"专题小组讨论"，前者的参与者多达4300人，"专题小组讨论"也咨询了200多人的意见。经过约一年半的研究与咨询，陆交局于2008年3月出版了《新加坡陆路交通总体规划》（以下简称《总体规划》）及其简易版本《社区向导》。总体规划详尽阐述了今后10~15年塑造新加坡陆路交通系统的政策与发展策略，其中优先发展公共交通、有效管理道路使用、满足不同群体需求是三大关键策略，旨在打造一个更加以人为本的陆路交通系统，以支持新加坡成为充满活力、宜居的国际化城市。

《总体规划》指出，到2020年早高峰公共交通出行比例从63%提升至70%。为达到这一目标，必须从出行者的角度规划与建设公共交通系统，在增加公共交通容量的同时提高公共交通系统质量，使出行者在畅通的环境中享受高效、舒适、便捷与无缝衔接的交通服务①。新加坡交通运输情况如图8-1所示。

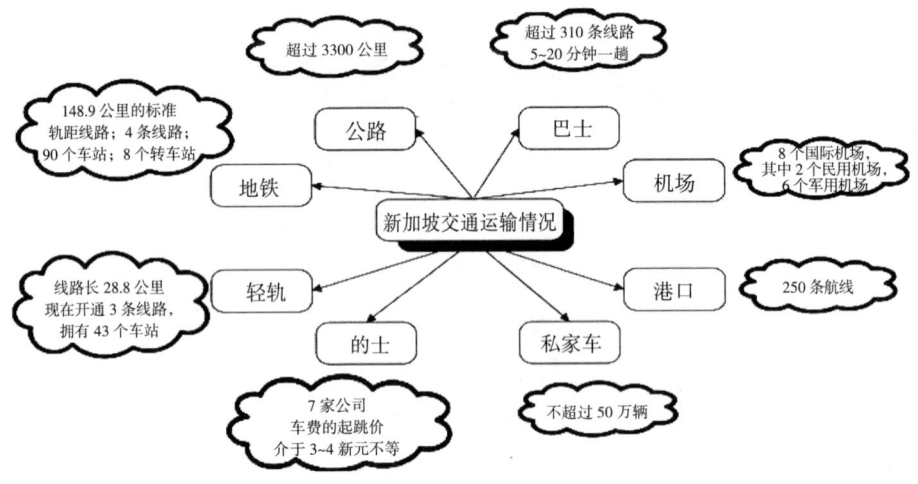

图8-1 新加坡交通运输情况

资料来源：李楠楠.浅谈新加坡城市规划管理及启示［EB/OL］.http：//www.xzbu.com/21view-4670275.htm.

一、海洋运输

20世纪初，新加坡已发展成为世界第七大港口。独立后，新加坡更加重视发展海运事业，不断投资扩建码头与港口，提高作业能力。新加坡港的发展可以分为两个阶段。

（一）第一阶段（1950~1980年）

1964年，政府设立港务局，专门负责开发和经营海港事务。1968年起，新加坡实行三班制，并成立过埃及船队，制定了《新加坡船只注册法》以提高航运竞争力。凭借多年经营和发展港口的经

---

① 莫欣德·辛格.新加坡陆路交通系统发展策略［J］.城市交通，2009（6）：39~44.

验，新加坡将自己打造成为世界级的海港。1961年，经新加坡港口处理的货物为601万吨，其后的4年里，平均每年净增长3.1%。

（二）第二阶段（1980年至今）

进入20世纪80年代后，世界经济迈入全球化、信息化、网络化时代，新加坡的经济结构也由工业经济转变为服务经济和知识经济。新加坡港呈现后工业化时代的特点，逐渐向高级服务业等高层次发展转型，政策上的优化也吸引了大量外资涌入。1984年，新加坡处理的货运量为1.11亿吨，1993年提高为2.74亿吨，年平均增长率达10.6%。在集装箱货物处理方面，新加坡港口在1984年的接收量为150万标准箱，1993年迅速增加到900万标准箱，占全球港口集装箱接收量的8%，新加坡因此成为全球第二大港口。

2009年新加坡港口船舶的停靠量超过13万艘，货物吞吐量为47.23亿吨，集装箱吞吐量为2586.7万标准箱，注册船舶3950艘。目前，超过100家国际海运机构将本部设在新加坡，海运产业员工超过10万人，产值约占新加坡GDP的7%。

新加坡地处太平洋与印度洋航运要道马六甲海峡入口处，得天独厚的地理条件和多年的发展使新加坡成为重要的国际航运中心。新加坡港口集装箱吞吐量位居世界前列，是世界上最繁忙的港口和亚洲主要港口枢纽之一，也是世界最大的燃油供应港。新加坡已开通200多条航线，连接123个国家和地区的600多个港口，有4个集装箱码头，集装箱船舶位54个，为全球仅次于中国上海的第二大集装箱港口。2015年新加坡货运量5.76亿吨，集装箱吞吐量2092万标箱，燃油销售4516万吨。截至2015年底，新加坡注册船舶4739艘，总吨位8630万吨[1]。

---

[1] 商务部. 对外投资合作国别（地区）指南——新加坡 [EB/OL]. http://fec.mofcom.gov.cn/article/gbdqzn/upload/xinjiapo.pdf，2017-02-23.

表 8-1　海运货物运输统计

年份	2009	2010	2011	2012	2013	2014	2015
到港							
数量（艘）	130575	127299	127998	130422	139417	134883	132922
吨位（千 GT）	1784669	1919408	2120282	2254353	2326121	2371107	2504155
货物吞吐量（千吨）	472300	503342	531176	538012	560888	581268	575846
常规	280349	313683	335511	353542	365116	384418	361858
散货	191951	189659	195665	184470	195772	196850	213987
集装箱吞吐量（千标准箱）	25867	28431	29938	31649	32579	33869	30922
燃油供应（千吨）	36387	40853	43154	42685	42682	42417	45155
注册船舶							
数量（艘）	3950	3978	4111	4232	4379	4595	4739
吨位（千 GT）	45632	48783	57360	65018	73615	82249	86300

资料来源：新加坡统计局网站，http://www.singstat.gov.sg。

为了更有效地促进新加坡经济的发展，更好地发挥海运业的优势，1996年2月，新加坡政府将原有的国家海事委员会、海务处和新加坡港务局合并成立了新加坡海事及港务管理局。

新加坡海事及港务管理局作为该国唯一的政府海事管理机构，其主要作用是：代表国家在国际事务中保护新加坡的海事与港口利益；与政府其他部门一起促进新加坡商船队的发展并使新加坡成为主要的国际海事中心；负责管理新加坡海域船舶航行，保证船舶在港口内航行安全和控制海洋环境污染；负责管理港口的服务和经济活动；对港口发展进行规划，制定国家港口总体发展规划；负责保证商船标准，管理就业，提供培训和保护海员利益[1]。

---

[1] 张世平. 新加坡海运业的新发展[J]. 中国水运，2000（7）：38~39.

二、陆路运输

新加坡国土面积狭小，陆路交通运输系统一方面要满足人口增长带来的需求，另一方面也承担着提高城市宜居性的责任。为了最大限度地发挥有限土地资源的作用，新加坡用将近 50 年的努力，建立起高度发达的陆路交通运输体系，这一体系由公共交通与私人交通组成，而支持两者的最重要的基础性设施之一就是公路网络。

目前，新加坡已形成由地铁、轻轨、公共汽车及出租车等系统构成的公共运输网络，岛内公共交通线路四通八达，方便快捷。路上运输以地铁和巴士为主，以轻轨和的士为辅，构筑了高度发达的立体陆路交通网络。截至 2015 年，新加坡地铁与轻轨道路里程达 199.6 公里，其中地铁（MRT，大众轨道交通）道路里程为 170.8 公里，轻轨（LRT）道路里程为 28.8 公里。2015 年，MRT 和 LTR 营运里程分别为 2879.5 万公里、593.7 万公里，日均载客量分别为 2871 人次、153 人次（见表 8-2）。

表 8-2 公共交通运营和客流量

年份	2009	2010	2011	2012	2013	2014	2015
道路里程（km）	147.7	158.7	175.3	177.7	182.0	183.0	199.6
大众轨道交通（MRT）	118.9	129.9	146.5	148.9	153.2	154.2	170.8
轻轨（LRT）	28.8	28.8	28.8	28.8	28.8	28.8	28.8
运营里程（千公里）							
MRT	18025	20265	22465	26492	26420	28173	28795
LRT	3303	3311	3620	3883	4435	4787	5937
日均载客（千人次）							
MRT	1782	2069	2295	2525	2623	2762	2871
LRT	90	100	111	124	132	137	153

续表

年份	2009	2010	2011	2012	2013	2014	2015
巴士（公共汽车）	3047	3199	3385	3481	3601	3751	3891
出租车	860	912	933	967	967	1020	1010

资料来源：Land Transport Authority。

新加坡15%的土地面积用于建设道路，形成以8条快速路为主线的公路网络。截至2015年底，新加坡干线公路里程3147公里，高速公路里程1093公里（见表8-3）。为缓解高峰时段道路拥堵，新加坡政府于1998年开始实施电子道路收费制度（ERP），2014年底全国共设77个电子收费闸门。新加坡道路交通规则为机动车驾驶舱位于右侧，车辆靠左行驶[①]。

表8-3 各类车道里程

单位：公里

年份	2009	2010	2011	2012	2013	2014	2015
随铺道路	8848	8895	9045	9081	9178	9233	9246
高速公路	1059	1059	1059	1059	1093	1093	1093
公路干线	2931	2938	3027	3054	3100	3146	3147
连络道路	1492	1526	1580	1584	1593	1599	1607
区内通道	3365	3372	3380	3384	3392	3394	3399

资料来源：新加坡统计局网站，http://www.singstat.gov.sg。

目前，新加坡努力将自身打造成以人为本的国际化宜居城市，对陆路交通运输的发展策略主要有：

第一，优先发展公共交通。通过拓展轨道交通系统（见图8-2），提高公共交通网络的整合度，从出行者的角度进行规划，建设更多的一体化交通枢纽，有效连接巴士换乘站与地铁车站，为出行者提供更舒适、更便捷的换乘服务。同时，提供更多的巴士直通线路和车次，让乘客快速到达主要交通枢纽。

[①] 商务部. 对外投资合作国别（地区）指南——新加坡［EB/OL］. http://fec.mofcom.gov.cn/article/gbdqzn/upload/xinjiapo.pdf，2017-02-23.

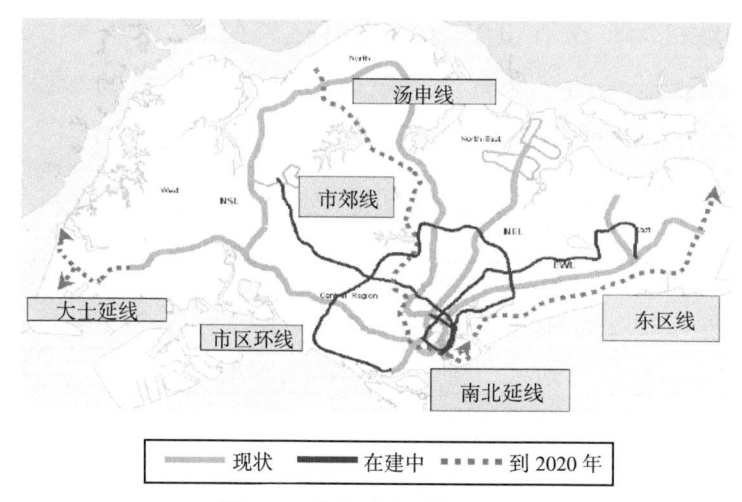

图 8-2 新加坡轨道交通网络

资料来源：莫欣德·辛格. 新加坡陆路交通系统发展策略[J]. 城市交通，2009(6)：39~44.

第二，加强道路的有效管理。新加坡政府认识到，增加道路供给并非长远之计，还需要对道路进行合理有效的管理。新加坡采用管制车辆保有量和限制车辆使用双管齐下的办法：一方面，通过车辆配额系统控制车辆增长，规定每年发布的车辆牌照总数。从2013年起，新加坡的各类交通工具保有量呈现下滑趋势，由2013年的最高值97.42万辆减少到2015年的95.72万辆（见表8-4）。另一方面，征收附加注册费、消费税与道路税。

表 8-4 不同类型机动车保有量

单位：辆

年份	2009	2010	2011	2012	2013	2014	2015
合计	925518	945829	956704	969910	974170	972037	957246
私家车	566608	584399	592361	605149	607292	600176	575353
公司汽车	12763	13347	13919	14862	16396	18847	29369
出租车	24702	26073	27051	28210	27695	28736	28259
巴士（公共汽车）	16023	16309	17046	17162	17509	17554	18183
摩托车及踏板车	147215	148160	146559	144110	144934	145026	143900
货车及其他车辆	158207	157541	159768	160417	160344	161698	162182

资料来源：新加坡统计局网站，http://www.singstat.gov.sg。

新加坡机动车保有量于 2013 年达到峰值 62.13 万辆，由于新加坡政府严格控制机动车保有量，截至 2015 年，其机动车保有量已下降至 60.23 万辆，两年间减少了近 2 万辆（见表 8-5）。

表 8-5　机动车保有量（按发动机排量）

单位：辆

年份	2009	2010	2011	2012	2013	2014	2015
合计	576988	595185	603723	617570	621345	616609	602311
$cc \leq 1000$	7650	7367	6622	6490	6364	6189	5799
$1000 < cc \leq 1600$	325418	331246	329957	335409	335419	331104	321082
$1600 < cc \leq 2000$	146836	153471	157846	162217	164768	164424	162791
$2000 < cc \leq 3000$	83774	87986	92432	94712	95295	95251	93358
$cc > 3000$	13310	15115	16866	18742	19499	19641	19281

资料来源：新加坡统计局网站，http://www.singstat.gov.sg。

第三，高科技化。高科技的使用可以使公路容量最大化，如利用具有自适应功能的绿波信号协调系统，调节信号控制车流；使用高速公路监控系统，以快速清除交通事故造成的堵塞；通过电子信息板，向机动车使用者发布高速公路交通状况，道路使用者可以通过国家陆交局（Land Transport Authority，LTA）的网站查询实时交通信息。

第四，人性化。新加坡人口老龄化的趋势在不断增长，预计到 2030 年老龄人口将增加 3 倍，达近百万人。因此必须加强公共交通系统的通达度，确保老年人方便进出社区。

三、航空运输

新加坡是亚洲地区重要的航空运输枢纽，拥有 8 个机场，其中新加坡樟宜机场及实里达机场是国际民航机场，其余则用于军事。

樟宜国际机场连续多年被评为世界最佳机场。2015 年客运量 5545 万人次，货运量 185 万吨。截至 2015 年底，100 家航空公司入驻新加坡，形成以新加坡为中心往返 80 多个国家和地区的 330 个城市、每周超过 6800 个班次的航空网络。11 家航空公司已开通新加坡往返中国 30 个城市的航线[①]。

航运服务则由新加坡航空公司等 100 多家国际航空公司提供，主要有新加坡航空公司及其子公司胜安航空公司。新加坡樟宜机场连续多年被评为世界最佳机场，目前已开通至 60 个国家 188 个城市的航线，各国 81 家航空公司平均每周提供约 4400 班次的定期飞行服务。2015 年航班起降 34.1 万架次，客运量 5483 万人次[②]。新加坡航空有限公司（简称新航，SINGAPORE AIRLINES）是新加坡的国家航空公司。新航以樟宜机场为基地，主要经营国际航线，在东南亚、东亚和南亚拥有强大的航线网络，以及跨太平洋航班。新航综合排名位居世界前列，是亚洲第八大航空公司和全球国际乘客人数排名第六的航空公司。民用飞机抵港/离港、乘客周转及邮件处理如表 8-6 所示。

表 8-6　民用飞机抵港/离港、乘客周转及邮件处理

年份	2009	2010	2011	2012	2013	2014	2015
航班（班次）							
到港	120184	131769	150827	162349	171850	170680	173152
离港	120176	131824	150884	162373	171915	170706	173182
乘客周转（千人）							
到港	18026	20486	22778	25056	26500	26669	27491
离港	18063	20437	22651	24854	26275	26620	27344
中转	1115	1115	1115	1272	951	804	613

①② 商务部. 对外投资合作国别（地区）指南——新加坡［EB/OL］. http://fec.mofcom.gov.cn/article/gbdqzn/upload/xinjiapo.pdf，2017-02-23.

续表

年份	2009	2010	2011	2012	2013	2014	2015
邮件（吨）							
收到	12111	11165	14361	15789	14770	14168	14459
发出	14938	16027	19235	19844	20973	22163	19386

资料来源：新加坡统计局网站，http://www.singstat.gov.sg。

2015年，新加坡航空货运周转185.31万吨，其中到港货运量为101.53万吨，离港货运量为83.78万吨。新加坡航空货物运输的主要来源地为东北亚、东南亚、欧洲、澳洲等地，从国别来看，主要是中国内地、中国香港和澳洲（见表8-7）。

表8-7 按居住国家/地区划分来源地的空运货物周转量

单位：吨

地区/国家 \ 年份	2009	2010	2011	2012	2013	2014	2015
合计	846671	941403	983110	975842	995808	1004559	1015296
东南亚	151260	160634	162933	161444	150621	162186	155838
印尼	54772	59368	63787	58058	57714	57303	53803
马来西亚	24772	18412	17529	14457	13836	15331	16711
菲律宾	13678	15126	13527	12648	11360	11684	11032
泰国	45112	49963	52470	57062	46545	53929	51299
越南	10960	14584	12904	15370	16865	19468	18336
东北亚	377184	435604	455946	458739	465479	478074	470155
中国内地	109511	126636	140730	152143	153717	154635	147863
中国香港	102392	119850	128050	135449	138482	140056	139585
日本	61077	69998	67479	60775	63751	72660	78870
南亚	56054	60784	64206	62796	70103	64752	62486
中东	17213	22536	22859	26936	30280	30691	34671
澳洲	91011	83365	83869	85871	93229	97156	121314
欧洲	132502	147350	158544	150280	160746	151968	152347
法国	10535	8949	9714	8208	8446	9095	8748
德国	17327	20627	25349	25276	27567	16807	14681

续表

地区/国家 \ 年份	2009	2010	2011	2012	2013	2014	2015
英国	18786	21522	23110	22902	27436	25449	25224
北美	17566	27106	30467	25183	21510	16678	15885
其他地区	3881	4024	4285	4593	3840	3055	2598

资料来源：新加坡统计局网站，http://www.singstat.gov.sg。

新加坡航空货物运输的主要目的地同样为东北亚、东南亚、欧洲、澳洲等地（见表8-8）。2015年，从航空货物到港与离港来看，新加坡航空运输进口功能要显著优于出口功能，表现为到港货运量比离港货运量高出17.75万吨，其中与印尼、马来西亚、菲律宾、南亚、中东、澳洲、德国、英国、北美等国家和地区之间的航空货运表现为以出口为主，与泰国、越南、中国内地、中国香港、日本、法国等国家和地区之间的货运表现为以进口为主。

表8-8 按居住国家/地区划分目的地的空运货物周转量

单位：吨

地区/国家 \ 年份	2009	2010	2011	2012	2013	2014	2015
合计	787120	872406	882142	853278	841894	839240	837791
东南亚	171982	186976	183053	187900	185266	182370	175283
印尼	56355	62726	67358	65095	69631	60832	55664
马来西亚	28167	31494	28977	29054	29881	29881	29170
菲律宾	21815	16309	15332	16487	16144	20316	20439
泰国	41959	50213	48082	55639	44743	45338	43098
越南	19120	20987	17752	15684	16986	17530	17935
东北亚	235575	283049	296887	275545	279504	281000	285797
中国内地	65699	84084	87420	78801	82602	79801	85106
中国香港	61202	74531	70945	70264	73352	73503	74262
日本	53619	65566	69615	65373	61167	67106	68171
南亚	72612	76527	74211	69059	67213	68605	68773
中东	32803	31144	30974	33049	35047	34591	37790

续表

年份 地区/国家	2009	2010	2011	2012	2013	2014	2015
澳洲	94828	107074	115393	120755	118970	123250	125467
欧洲	130088	134549	131523	118869	115521	116346	111300
法国	11644	9549	8910	8022	8247	8245	7676
德国	24655	28855	26845	25351	21743	19317	18124
英国	25731	29669	30048	31723	33908	35370	35720
北美	38065	42209	37682	31654	29100	22183	24069
其他地区	11167	10878	12419	16446	11274	10896	9311

资料来源：新加坡统计局网站，http://www.singstat.gov.sg。

2015年，新加坡的航空客运量达5483.5万人次，相比2014年增长2.9%，其中入境乘客2749.1万人次，相比2014年增长3.08%，出境乘客2734.4万人次，相比2014年增长2.72%。从地区和国别来看，航空入境乘客主要通过东南亚、东北亚、澳洲等地来到新加坡，其中通过东南亚入境的乘客数量最多，达到1206.6万人次；航空出境乘客离开新加坡主要去往东南亚、东北亚、澳洲等地，其中前往东南亚的出境乘客最多，达到1190.2万人次（见表8-9和表8-10）。

表8-9　按地区/国界划分的航空运输入境乘客周转量

单位：千人次

年份 地区/国家	2009	2010	2011	2012	2013	2014	2015
合计	18026	20486	22778	25056	26500	26669	27491
东南亚	7456	8812	10037	11013	11928	11807	12066
印尼	2213	2761	3154	3401	3715	3760	3489
马来西亚	1920	2212	2412	2485	2712	2728	2846
菲律宾	806	967	1191	1251	1279	1273	1314
泰国	1529	1727	2038	2475	2699	2375	2693
越南	618	725	797	881	905	988	1060
东北亚	4189	4962	5631	6214	6637	6901	7161

续表

地区/国家 \ 年份	2009	2010	2011	2012	2013	2014	2015
中国内地	1445	1679	1855	2180	2322	2298	2449
中国香港	1156	1435	1701	1717	1716	1870	1843
日本	786	889	914	1049	1209	1286	1362
南亚	1509	1711	1858	2106	2226	2339	2417
中东	405	420	461	530	605	639	749
澳洲	2214	2287	2411	2651	2715	2707	2828
欧洲	1853	1866	1961	2095	1976	1936	1936
法国	228	236	231	239	240	215	207
德国	357	394	408	451	393	367	355
英国	688	654	692	722	633	594	602
北美	258	295	308	337	315	246	249
其他地区	142	134	111	111	101	95	85

资料来源：新加坡统计局网站，http://www.singstat.gov.sg。

表8-10 按地区/国界划分的航空运输出境乘客周转量

单位：千人次

地区/国家 \ 年份	2009	2010	2011	2012	2013	2014	2015
合计	18063	20437	22651	24854	26275	26620	27344
东南亚	7385	8755	9907	10873	11752	11725	11902
印尼	2205	2790	3149	3420	3702	3758	3483
马来西亚	1934	2226	2416	2530	2739	2743	2826
菲律宾	778	934	1156	1189	1236	1238	1285
泰国	1489	1670	1946	2352	2567	2333	2603
越南	618	732	805	868	900	981	1049
东北亚	4218	4973	5631	6165	6609	6877	7173
中国大陆	1470	1703	1868	2183	2321	2293	2463
中国香港	1135	1414	1691	1684	1692	1846	1829
日本	806	894	906	1044	1212	1287	1388
南亚	1544	1709	1839	2050	2131	2278	2333
中东	398	412	448	545	623	643	742

续表

年份 地区/国家	2009	2010	2011	2012	2013	2014	2015
澳洲	2249	2292	2486	2709	2770	2817	2904
欧洲	1870	1869	1924	2080	1984	1945	1967
法国	229	236	228	236	242	218	213
德国	365	394	403	458	391	374	360
英国	681	647	658	693	629	586	603
北美	249	286	297	314	302	237	238
其他地区	149	140	119	118	105	98	87

资料来源：新加坡统计局网站，http://www.singstat.gov.sg。

樟宜国际机场自1981年启用，共获得480多个机场奖，连续数年荣获世界最佳机场第1名的殊荣。现拥有三个航站楼，2017年第四航站楼将交付使用。第五航站楼也已规划。为加强和巩固新加坡航空枢纽的地位，政府在2012年成立樟宜2036年指导委员会，规划占地1080公顷的樟宜东地段开发区以及机场大楼扩建，预计未来樟宜机场每年客容量可增至8500万人次。

目前，新加坡正大力推进通用航空产业的发展，一些旧机场可以考虑大力发展通用航空产业，吸引通用航空器4S店、私人航空俱乐部入驻，打造通用航空FBO，设立航空培训机构，承办航展活动，提供覆盖通用航空产业链的各项服务。

此外，新加坡航空维修业从20世纪70年代的军机翻修业务起家，经历40多年的发展，形成了多家具有国际竞争力的维修企业，并在全球树立了新加坡航空维修的品牌[1]。

---

[1] 魏君. 小国家的大战略——新加坡航空产业发展的启示[J]. 大飞机，2016（2）：38~41。

第九章 通信地理

新加坡的第三产业发展迅速，金融和贸易的全球化，高频、高效的商业洽谈与交易使新加坡成为国际通信中心。新加坡的邮政服务尤为发达，邮政网络有66处邮局、26处投递站、32处邮务代办所，覆盖全岛各主要区域。

一、发展历程

新加坡的电信发展大致经过了以下三个阶段。

（一）第一阶段：新加坡电信的成立

新加坡电信业始创于1954年英国殖民当局设立的新加坡电报局；1972年，新加坡政府将电信部改组为独立核算的法定机构——新加坡电信管理局；1974年4月，新加坡电报局并入新加坡电信管理局，实行公司化管理；1988年，承担电信服务商业功能的国有性质的新加坡电信公司成立。

（二）第二阶段：新加坡国内市场开放阶段

为保持新加坡在快速发展的资讯通信科技领域的优势，新加坡政府决定逐步开放新加坡电信市场。1992年4月，新加坡政府根据TAS法案重组电信管理局，使其成为电信业和邮政业的监管部门。原有的商业运作职能分别由新加坡电信和新加坡邮政两家政府控股的有限公司承担。电信业务实现政企分开，为之后逐步开放电信市场做好了准备。1994~2000年，新加坡电信结束了独家经营电信业务的历史，新加坡电信市场完成了从移动电话、互联网业务到基本电信业务的全面开放。

新加坡电信公司目前已经在中国和日本以外的亚太地区成为最大的电信运营商，除了不涉足制造业之外，它提供全面化的综合电信服务。

（三）第三阶段：新加坡电信国际化发展阶段

新加坡国内人口仅350万人，加上国内激烈的竞争，使市场迅速饱和。新加坡电信的国内发展空间狭小，促使其战略转型，进行全球化扩张。目前，新加坡电信已扩展到全球30多个国家和地区，且公司70%以上的收入来自海外市场，其海外业务不但包括传统固定、无线电话网络、互联网和语音数据，同时还涉及卫星通信、海底光缆系统等领域。

新加坡电信在实施海外拓展战略的初期选择了两个方向：一是进行业务的多元化发展，从而减少对国际语音业务的过分依赖，进而拓展新的电信业务模式；二是拓展业务的地理范围，通过战略联盟和收购等方式来寻求海外发展的机会[1]。新加坡电信在"走出去"的过程中，不是以在目标市场"击倒对方"为目标，而是与本土运营商合作，共同开拓市场，寻求更大的市场增量，从而实现双赢。新加坡电信的"走出去联合战略"概括来讲，主要表现为两个方

---

[1] 王科. 新加坡很小，但是亚太市场很大——专访新加坡电信运营总裁林暾先生[J]. 中国新通信，2005（8）：44~46.

面：一是组成区域联盟，二是股权收购[①]。

二、邮电通信

新加坡的电信公司提供从 GSM 到无线互联网接入再到 4G 手机通信的服务。截至 2015 年底，新加坡固定电话用户 201.73 万户；移动电话用户 821.14 万户，其中，4G 用户 407.63 万户，3G 用户 391.35 万户，2G 用户 22.16 万户（见表 9-1）；宽带用户 1199.21 万户，其中无线宽带用户 1051.88 万户。2015 年，新加坡在世界经济论坛全球信息技术报告国家排名中名列第一[②]。

表 9-1 邮电通信基本状况

年份	2009	2010	2011	2012	2013	2014	2015
邮递物品（百万件）	1929.3	2009.1	2085.5	2029.6	1997.7	1997.8	1983.4
保有量							
固定电话用户（千户）	1896.1	1983.9	2016.9	1989.5	1970.8	1996.6	2017.3
住宅	1128.3	1203.1	1237.1	1214.1	1207.7	1247.6	1280.6
办公	767.8	780.8	779.7	775.4	763.1	749.0	736.8
移动电话用户（千户）	6857.2	7288.6	7755.2	8063.0	8420.7	8093.3	8211.4
2G							221.6
后付费	456.2	289.8	204.5	152.7	117.8	89.6	49.2
预付费	3240.7	2294.4	1795.3	1429.7	993.7	213.1	172.4
3G	3160.3	4704.5	5755.4	6480.6	5258.3	4608.8	3913.5
后付费	2989.4	3472.7	3825.3	4113.2	2393.9	1674.4	1163.4
预付费	170.9	1231.8	1930.1	2367.4	2864.4	2934.4	2750.1

[①] 蒋立峰，李永明. 新加坡电信的国际化发展战略[J]. 信息网络，2008（1）：24.
[②] 商务部. 对外投资合作国别（地区）指南——新加坡[EB/OL]. http://fec.mofcom.gov.cn/article/gbdqzn/upload/xinjiapo.pdf，2017-02-23.

续表

年份	2009	2010	2011	2012	2013	2014	2015
4G	na	na	na	na	2050.8	3181.6	4076.3
后付费	na	na	na	na	na	2924.0	3628.6
预付费	na	na	na	na	na	257.6	447.7
SMS短信（百万）	23287.2	27714.3	28947.0	24052.9	17893.4	13508.0	11447.9
国际电话							
通话分钟（百万）	10169.0	12436.3	12367.4	13444.8	14489.6	18165.5	22018.2

资料来源：新加坡统计局网站，http://www.singstat.gov.sg。

新加坡电信公司（Singapore Telecommunications Limited，简称SingTel、新电）成立于1879年，是一家由新加坡政府全资拥有的公司，是新加坡最大的电信公司。新加坡电信是亚洲领先的电信公司，拥有跨越无线以及互联网平台的声讯、数字服务，服务面向商用以及家用两个领域。新加坡电信长久以来致力于为客户提供亚太地区最优质的服务。在其发展历程中，新加坡电信成功地完成了自身向世界顶尖高效运营商的转变。该公司提供了大范围的、价格方面颇有竞争力的电信服务，并为全球5000家不同国家的公司提供电信服务。

三、互联网建设

伴随着20世纪90年代以来互联网的普及，新加坡的媒体治理策略遭遇到了一系列挑战。为应对挑战，新加坡政府及时推出了一系列举措，成立、合并了多个政府与半官方的监管机构，初步实现了互联网的成功治理。

在互联网管理方面，新加坡政府的措施主要有两项：一是实行许可和注册登记制度，以保证网络服务提供者的合法性与正当性。

1996年新加坡广播局宣布，为维护互联网团体的利益和促进该领域的健康发展，对互联网实行分级注册办法。该办法的目的在于鼓励人们负责任地使用互联网，保护网络用户特别是青少年免受非法和有害内容的侵害。二是实行严格的检查制度。在新加坡，对互联网信息进行检查的任务是由政府信息与技术部下设的检察署负责的[①]。

新加坡官方的资讯通信发展管理局发布的最新统计数据显示，截至2015年，新加坡的手机普及率已超过150%，有821.14万余手机用户，其中4G用户407.63万户。依托如此骄人的数字，新加坡移动互联网行业将提供大量机会，无论是在激发新的经营理念方面，还是在创造新的工作岗位方面。截至2015年，新加坡互联网用户达到1200.5万户，其中拨号上网用户自2009年以来急速下滑，至2015年已只剩1.29万户。与此同时，宽带用户则快速增长，由2009年的581.9万户剧增至2015年的1199.21万户，其增长主要是以无线宽带用户为主，具体体现在无线用户占宽带用户比例由2009年的81.07%（471.74万户）增加至2015年的87.71%（1051.88万户）（见表9-2和图9-1）。

表9-2　互联网用户情况

年份	2009	2010	2011	2012	2013	2014	2015
拨号上网（千户）	79.9	67.5	58.3	23.8	20.6	18.3	12.9
宽带（千户）	5819.0	7849.3	9222.3	10194.9	10653.6	11537.2	11992.1
住宅有线	na	na	1237.9	1277.6	1295.4	1347.5	1359.9
办公有线	na	na	85.5	93.4	98.0	106.5	113.4
无线	4717.4	6587.2	7898.9	8823.9	9260.1	10083.3	10518.8

资料来源：新加坡统计局网站，http://www.singstat.gov.sg。

[①] 周逵，朱鸿军. 新加坡互联网治理的3C原则——访新加坡国立大学政策研究所阿龙·玛希哲南副主任[J]. 传媒，2010（5）：67~69.

图 9-1 无线用户占宽带用户比例

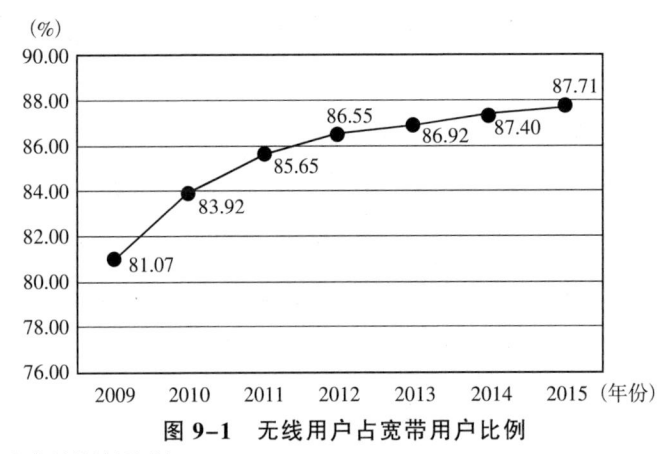

资料来源：新加坡统计局网站，http://www.singstat.gov.sg。

近几年，新加坡电信在打造优质网络的基础上创新发展思路，不断推出全业务运营产品，重点关注中小企业信息化，并大力开拓国际市场，公司运营收入不断上升[①]。截至2015年，新加坡信息和通信技术行业收入达1895.69亿美元，其中本地收入为533.93亿美元，出口收入为1361.77亿美元，占行业收入的71.84%。从具体业务市场划分来看，硬件依然是信息和通信技术行业的主导产业，其在2015年的收入为1386.12亿美元，占比73.12%（见表9-3）。

表 9-3 信息和通信技术行业收入

单位：百万美元

年份	2009	2010	2011	2012	2013	2014	2015
本地和出口市场							
合计	80687	82842	94521	113286	156341	167054	189569
本地	40248	36216	35822	35455	48531	50695	53393
出口	40438	46626	58699	77831	107810	116359	136177
硬件和软件/IT服务市场							
合计	80687	82842	94521	113286	156341	167054	189569
硬件	44957	44988	59481	74904	106606	114962	138612

---

① 吕成华，刘楠. 新加坡电信借全业务运营领跑市场[J]. 通信世界，2008（38）：90~91.

续表

年份	2009	2010	2011	2012	2013	2014	2015
软件/IT 服务	23225	21787	22021	25420	34037	34829	34803
电信	10770	14038	10221	10838	12281	13941	12412
内容服务	1735	2029	2798	2125	3417	3322	3742

资料来源：新加坡统计局网站，http://www.singstat.gov.sg。

第十章 商业与贸易

一、商业中心

　　新加坡的城市商业中心严格按照城市规划部署进行布局。环状城市和新镇建设两个基本空间模式，指导形成了新加坡的七级商业中心规划布局体系[1]。新加坡的城市商业中心规划布局体系是在环状城市和新镇建设两个基本城市空间模式指引下塑造而成的，其中，最高级的城市中心区规模不断扩张，已成为聚合多元功能的中央活动区；三个区域中心有效地实施了分散商业中心战略，增强了城市人口郊区迁居的吸引力；次区域中心成为城市中心区外向区域中心过渡地区的服务节点；边缘中心与城市中心区紧密衔接，承担着分解 CBD 商务办公需求的职能；新镇内分新镇中心、小区中心、邻里中心三个层次，按标准配置社区商业。新加坡丰富的商业中心等级层次更能适应服务需求的平缓过渡，分散设置商业中心与城市中心区规模扩张并举实现了生活性商业设施和高层次商业设施的合理布局，而在单个商业中心的规划布局中又充分利用各种手段汇聚商业

---

[1] 任赵旦，王登嵘. 新加坡城市商业中心的规划布局与启示 [J]. 现代城市研究，2014（9）：39~47.

人流，并为之不可确定发展预设弹性空间[1]。

位于中部区域（Central Region）内的城市中心区（Central Area）是新加坡规划的最高级城市商业中心。1958 年新加坡城市总体规划将甘榜格南、武吉士商圈、行政区、新加坡河两岸、新加坡河口南岸的珊顿大道中央商业区（CBD）、牛车水等功能区划定为城市中心区，用地规模约 525 公顷，中心区内商业主要布局于珊顿大道北侧沿线、桥南路—桥北路沿线及其主要横向连接道路两侧。20 世纪 80 年代初，新加坡为应对商业空间短缺问题[2]，一方面向新加坡河口外西侧填海造地，将城市中心区规模扩展至约 714 公顷，另一方面将城市更新列为城市建设重点之一[3]。新加坡河两岸的货栈、码头仓储功能逐步向现代化休闲区方向改造[4]，中心区内的贫民窟和棚户区逐步向现代金融中心方向转变。1991 年新加坡概念规划提出建设环滨海湾世界一流商业区，城市中心区面积遂扩展至约 16.5 公顷，乌节路、小印度、新加坡河西段等地区纳入其内。至此，城市中心区涵盖了零售购物、历史文化、行政商务、金融会展、休闲娱乐等多种功能单元，这些功能单元通过步行交通网络、新加坡河、商业街区等串联，形成多条商业走廊，使城市商业中心区成为活力多元的中央活动区（CAZ）。

市中心（Downtown）是城市中心区的核心区域，最早局限于新加坡河口的狭窄区域[5]，伴随中心区的发展其规模和功能也不断扩展。20 世纪 70 年代大规模城市更新，市中心扩展至珊顿大道北侧沿线地区，俗称"金鞋"区（the Golden Shoe）；20 世纪 80 年代初

---

[1] 任赵旦, 王登嵘. 新加坡城市商业中心的规划布局与启示 [J]. 现代城市研究, 2014（9）: 39~47.
[2] 郑捷奋, 刘洪玉. 新加坡城市交通与土地的综合发展模式 [J]. 铁道运输与经济, 2003（11）: 4~7.
[3] Sun Sheng Han. Global city making in Singapore: a realestate perspective [J]. Progress in Planning, 2005: 69–175.
[4] 邓艳. 基于历史文脉的滨水旧工业区改造和利用——新加坡河区域的更新策略研究 [J]. 现代城市研究, 2008（8）: 25~32.
[5] 郭素君, 姜球林. 城市公共设施空间布局规划的理念与方法——新加坡经验及深圳市光明新区的实践 [J]. 规划师, 2010（4）: 5~11.

期，金鞋区、市政厅地区（City Hall）、武吉士（Bugis）和滨海中心（Marina Centre）被纳入市中心范围，金鞋区发展金融商务功能，市政厅地区发展国家行政功能，武吉士地区以传统商贸产业为主，滨海中心区则发展现代购物、宾馆和会议功能；1991年概念规划将滨海湾纳入市中心范围，将市中心规模扩展至约3.77公顷，进一步扩展了金融商务区的规模，推动其成为今日全球金融和商贸枢纽、东南亚乃至全球最为著名的总部聚集地之一。

区域中心是1991年概念规划确定建设的第2级城市商业中心，实际建设了3个，均位于中部区域外、距离中心区11~17公里远的快速公路边缘，结合轨道交通站点进行布局。其中，淡滨尼区域中心服务东部区域，是首个建设且发展最好的区域中心，2010年东部区域居住人口69.23万人；兀兰区域中心服务北部区域，在1995年兀兰车站以及兀兰延长线的其他车站一起建成后，才逐步发展起来，2010年北部区域居住人口50.31万人；裕廊东区域中心服务西部区域，也被称为裕廊门户（Jurong Gateway），2010年该区域居住人口约81.37万人[①]。

次区域中心属于第3级城市商业中心，共规划有5个，均布局在中部区域内、距离中心区4~8公里远的地区，结合轨道交通站点布局。碧山、马林百列、实龙岗和波那维斯达四个次区域中心已经基本建设成形，巴耶利巴次区域中心在2008年新加坡城市总体规划中被列为重点增长地区。新加坡各次区域中心规划用地规模在10~20公顷，其中商业用地规模7~11公顷，服务人口规模20万~40万人，已经建设完成的次区域商业中心以新镇中心和购物中心为主要商业设施，购物中心的总建筑规模在3.5万~6万平方米。

边缘中心属于第4级城市商业中心，布局于市区边缘、距离市中心区（Downtown）2~3公里的重要交通节点，呈环状围绕中心区

---

① 任赵旦，王登嵘. 新加坡城市商业中心的规划布局与启示[J]. 现代城市研究，2014（9）：39~47.

布局。1991年概念规划提出建设7个边缘中心，但规划的滨海湾边缘中心在经过10余年的强力建设后，已经成为城市中心区的重要组成部分，并在2003年城市总体规划中被纳入市中心发展范围，因而新加坡实际长远规划发展6个边缘中心。从新加坡城市中心区扩展的历史来看，这些边缘中心也可以看作城市中心区的拓展区域，未来也将与城市中心区连接在一起，从而成为其中的重要组成部分，再加上功能上更强调对城市CBD区域商务办公需求的分解，使边缘中心与其他综合性商业中心有较大不同。

在新加坡新镇建设初期，并未建立新镇内社区商业中心的规划建设标准，店屋多建在组屋楼下，主要由分配给受迁置计划影响的店主经营。20世纪60年代后期开始，逐步建立了镇中心、小区中心与邻里中心三个等级的商店组合规划模式。1989年开始，新加坡在组屋区内与镇中心、地铁站相邻的地段兴建购物与娱乐中心。1991年开始，建屋发展局采用独立式建筑建设小区中心，将小区中心与组屋分开，以提高组屋住户生活质量，提高城市的环境品质。

新加坡的新镇按照新镇、小区（Neighbourhood）、邻里（Precinct）三级结构进行规划建设，在新镇内形成新镇中心—小区中心—邻里中心三级商业中心体系，各级商业中心在区位、交通、规模、等级等方面有着具体的要求[1]。在21世纪最新建设的新镇中，引入了轻轨衔接城市地铁站点，进一步促进了新镇紧凑布局，新镇结构被简化为新镇、街坊（Estate）两级[2]。

新镇内各级商业中心有相应的配建标准，涵盖社区商业中心与组屋的比例、商店组合、经营商品档次等，一般都要求配备12个基本行业业态，并鼓励配置服装店、鞋店、礼品店等其他13个行业业

---

[1] 张祚，朱介鸣，李江风. 新加坡大规模公共住房在城市中的空间组织和分布[J]. 城市规划学刊，2010（1）：91~103.
[2] 王茂林. 新加坡新镇规划及其启示[J]. 城市规划，2009（8）：43~51，58，101.

态。新镇中心与地铁站、公交转换站、主干道紧密结合布局,服务15万~30万人,一般采用条状建筑围合的街区布局模式,商业用地约10公顷,包括写字楼、超市、商场、邮政局、银行、商业街、图书馆、社区医院、电影院、餐饮、娱乐等服务设施;小区中心服务1.5万~2.0万人,服务半径约400米,一般采用"独立商业+住宅底层商业"的布局模式进行配置,混合用地约4公顷、商业建筑面积约1万平方米,以农贸市场和餐饮中心为主力店,以经营中档商品为主,商店组合包括普通日常用品商店(日用杂货、文具店、电器店等)、诊疗所、农贸市场、餐馆和小贩中心等;邻里中心服务400~800家住户、1500~3000人,采用商住混合用地形式,以住宅底层布局模式进行配置,以经营生活必需品为主,商店组合包括普通日用商店和餐厅等(见表10–1)。

表 10–1　新加坡各级商业中心的规划

商业中心	商业规模(公顷)	服务人口(万人)	服务半径(公里)	业态与布局特征
城市中心区	1650	—	—	• 集聚零售购物、历史文化、行政商务、金融会展、休闲娱乐等多种功能单元,成为中央活动区(CAZ) • 全球金融和商贸枢纽,东南亚乃至全球最为著名的总部聚集地之一
边缘中心	—	1.5万就业人口	—	• 突出商务办公职能,分解承担城市CBD的商务职能,城市中心区的组成部分
区域中心	40~70	50~100	5~8	• 集聚零售购物、商务办公、娱乐餐饮、教育培训、社会服务等多种功能 • 以新镇中心和购物中心为主要商业设施,配置多个购物中心,单个购物中心的总零售楼面面积3万~4万平方米,近期新建的购物中心单体总零售楼面面积5万~8万平方米 • 注重购物体验,一站式、主题式、货仓式(Big Box)等成为购物中心业态配置模式
次区域中心	10~20	20~40	2~3	• 以新镇中心和单个购物中心为主要商业设施,综合设置社会服务设施,巴耶利巴次区域中心内的购物中心数量将扩大 • 购物中心总零售楼面面积3.5万~6万平方米
镇中心	约10	15~30	1.3~1.5	• 采用组合式街区布局模式,部分开始引入购物中心商业形态

续表

商业中心	商业规模（公顷）	服务人口（万人）	服务半径（公里）	业态与布局特征
小区中心	2~4（商业建筑面积0.5万~1万平方米）	1.5~2.0	0.35~0.5	• 以农贸市场、餐饮中心为主力店，经营中档商品为主 • 新建新镇的小区中心逐步向购物中心转化，以餐饮中心、超市为主力店
邻里中心	—	约0.3	—	• 商住混合，以住宅底商形式配置 • 以经营生活必需品为主，包括普通日用商店、餐馆等

资料来源：任赵旦，王登嵘. 新加坡城市商业中心的规划布局与启示［J］. 现代城市研究，2014（9）：39~47.

二、贸易政策

新加坡是全球贸易最自由的地区之一，经济的成功很大程度上归功于其高度开放的自由贸易政策。

新加坡贸易工业部负责制定整体贸易政策。新加坡国际企业发展局（International Enterprise Singapore，简称企发局或IE Singapore）是隶属于新加坡贸易工业部的法定机构，是新加坡对外贸易主管部门。此外，在贸易政策制定和实施的过程中，还可能涉及财政部（下设海关、税务和金融局）和国家发展部。同时，贸工部与商业界保持着许多正式和非正式的联系，目的在于接收有关国内经济政策的影响或出口问题的信息以及政策方面的建议。

新加坡企发局下设贸易促进部，并分设商务合作伙伴策划署和出口促进署，主要职责是宣传新加坡作为国际企业都会的形象以及提升以新加坡为基地公司的出口能力。新加坡企业发展局仅限于通过为企业提供咨询、组织展会和培训等对出口促进提供支持。

（1）关税政策：新加坡是自由港，因此大多数商品在进出口时关税为零。只对极少数产品征收进口税，如烟草、酒类、石油和汽车等。新加坡出口商品一律免税，对于出口额达到一定限额的公司或组织，均可申请减免出口收益税金。

（2）进口政策：新加坡早在 1984 年就成为了 WTO 前身关贸总协定《进口许可程序协议》的缔约国，它承诺将进口许可证数目保持在最低限度，并且不把数量限制作为进口许可证的一部分，因此对大多数进口商品没有配额限制，也不需要进口许可证。只有当出于公众健康、公共安全以及环境卫生方面的考虑时，才会对少数商品实行进口许可，而其他大多数商品均可自由输入。

（3）出口政策：严格限制出口的商品数目极少。根据新《进出口管理法》的规定，只有当出于安全或卫生方面的要求时，才会对部分商品的出口要求具有许可证。此外，对于某些农产品新加坡也会采取严格的出口限制和管理以达到共同防治病虫害的目的。

（4）通关政策：新加坡电子政务建设具有相当高的水平，涉及通关的诸多环节均实现了无纸化、自动化和网络化，为商家节省了宝贵的时间、人力和物力。有关网络主要有：

1）贸易网（TradeNet）：新加坡是世界上第一个建成并使用国际贸易单一窗口的国家，由新海关牵头建设的国际贸易单一窗口称为"贸易网"（TradeNet），1989 年 1 月 1 日投入运行。贸易网在全国范围内实现数据交换，连接海关、税务、农粮局、经济发展局等 30 多个政府部门，与进出口相关的申报、审核、许可、管制等全部手续均通过贸易网进行。

2）港口网（PortNet）：集合了海事及港务局、船公司及其代理行、货主、物流服务商等信息，融合航运和港口的专业运作经验，利用高效的数据交换和通信技术将航运相关各方连接起来，简化点到点的信息流程。

3）海事网（Marinet）：为 800 多家船公司提供相关海事服务，如处理和传送电子船舶文件，提供燃料采购、船舶追踪等信息。

4）空运社群网（Cargo Community Network）：通过这一平台，空运货物代理可直接与全球 20 多家大型航空公司、其他货运代理联系处理相关单证等事宜，并与世界其他同类型系统相连，提供区域和全球空运服务。

（5）财政政策：①出口贸易奖励：工业产品出口额在1000万新元以上、非工业产品出口额在2000万新元以上的出口创收利润可以免交所得税，根据不同企业的情况，免税期一般为5~10年。②服务出口奖励：包括工程技术咨询、工业设计、出版、教育、医疗、金融等服务业。出口创收利润可以减征所得税90%；根据不同企业的情况，减征期一般为5~10年；减税期满后，还可以享受10%~15%的减税待遇。

（6）金融政策：新加坡是东南亚金融中心，实行比较自由的金融政策。新政府取消外汇管制，外汇可以自由进出。外国投资者的资本、利润、利息和红利等随时可以自由汇出。发展区域金融中心，经营美元等主要币种的外汇交易，在新加坡经营的外国企业取得外汇存贷款相当方便。

（7）自由港区政策：新加坡毗邻港口和机场共设立了8个"自贸区"（Free Trade Zone），为全世界的商品进出新加坡提供免税优惠和便捷的物流服务。这些"自贸区"分别由三家企业经营管理。其中，新加坡港务集团（PSA）负责管理位于Brani码头、Keppel物流园、Pasir Panjang码头、Sembawang码头和Tanjong Pagar码头的五个"自贸区"；樟宜机场集团负责管理位于机场物流园和樟宜机场货物中心的两个"自贸区"；裕廊港公司负责管理位于裕廊港的一个"自贸区"。八个"自贸区"的企业化运营，大大提高了"自贸区"的工作效率和服务水平。

三、对外贸易

新加坡实行多元化、全面开放的贸易政策。独立后注重扩大与欧美、日本、东南亚、西亚等国家和地区的贸易关系。西亚是新加坡炼油工业所需原油的来源地,美国是新加坡电子产品的主要出口国。

1959年以前,新加坡的对外贸易不仅完全由英国控制,而且只进行单纯的转口贸易,进出口商品几乎全部是为了转口贸易的需要。1959年以后,随着新加坡工业化的快速发展,单一转口贸易的经济结构已有迅速的改变。1960年以前,转口贸易在新加坡外贸总额中所占的比重高达90%以上,1965年已降为58.7%,1970年再降至38.8%,1980年已下降到只占16.8%,下降幅度之大和速度之快,是非常突出的。与此同时,在加速发展出口工业的基础上,新加坡国内产品的直接出口在总出口贸易中所占的比重却不断快速上升,它从1960年的仅占6.2%上升到1966年的18.6%,1970年达到38.5%,1980年增至62.3%,到1982年已高达65.56%[1]。

20世纪60年代以来,新加坡大力发展以出口为导向的外向型经济,这使新加坡经济高度依赖国际市场,在经济增长中,国外需求占总需求的70%,制造业产品的出口主要依赖发达国家市场,服务业产品主要出口东盟国家。20世纪70年代后,新加坡开始不断扩大与中国、东盟、拉美以及美洲之间的贸易往来。1978年,东盟内部达成实施一些商品特惠贸易的协定,这有利于新加坡积极发展与东盟成员国的贸易关系。

新加坡货物贸易伙伴主要集中在邻近的东南亚地区以及中国、

---

[1] 陈丽贞.新加坡对外贸易的发展与变化[J].南洋问题,1984(2):88~96.

日本、韩国和美国；主要出口市场为中国大陆、中国香港、马来西亚、印度尼西亚、美国、日本、韩国和中国台湾；主要进口来源地为中国大陆、美国、马来西亚、中国台湾、日本、韩国、印度尼西亚和阿联酋。中国为新加坡第一大货物贸易伙伴、第一大出口市场和第一大进口来源[①]。

根据新加坡统计局数据显示，2015年新加坡货物贸易额8841亿新元，下降9.5%，其中出口4763亿新元，下降7.2%，进口4078亿新元，下降12.1%，贸易顺差685亿新元[②]。

新加坡服务贸易伙伴主要为欧盟（占14.8%）、美国（占14.1%）、中国大陆（占5.5%）、澳大利亚（占4.8%）和日本（占4.7%）。2014年前五大出口市场依次为：美国、澳大利亚、日本、中国大陆和英国；前五大进口来源地依次为：美国、中国大陆、荷兰、中国香港和日本。

2015年新加坡对外贸易总额为8840.53亿美元，按地区来看，新加坡前两大贸易地区依次为亚洲6328.75亿美元（占71.59%）、欧洲1089.03亿美元（占12.32%）；按国家和地区来看，中国大陆是新加坡最大的贸易伙伴，双方贸易额达1234.52亿美元，占新加坡全年对外贸易额的13.96%（见表10-2）。

表10-2 按地区/国家划分的贸易总额

单位：百万美元

地区/国家 \ 年份	2009	2010	2011	2012	2013	2014	2015
合计	747417.4	902062.6	972593.5	983404.3	975945.6	977026.4	884053.3
美洲	96114.4	109672.3	117177.9	115346.7	119241.9	113282.3	102219.7
巴西	3506.2	3748.2	4164.7	4281.0	5550.8	4837.0	3471.2
加拿大	4964.6	3415.2	3171.9	3045.6	3549.5	2730.9	2551.0
美国	66920.6	78386.6	75793.5	75317.4	76863.8	75274.2	75479.5

[①②] 商务部. 对外投资合作国别（地区）指南——新加坡 [EB/OL]. http://fec.mofcom.gov.cn/article/gbdqzn/upload/xinjiapo.pdf，2017-02-23.

续表

地区/国家 \ 年份	2009	2010	2011	2012	2013	2014	2015
亚洲	514720.9	634426.5	684130.1	692691.4	691866.3	694220.0	632875.1
巴林	557.1	424.2	337.0	596.0	696.8	601.7	426.6
孟加拉国	2147.3	2396.0	2989.0	2742.8	3331.8	4313.1	3345.5
文莱	1392.8	1464.2	2223.4	1704.8	1508.9	1407.0	1252.0
柬埔寨	1652.5	3217.7	1379.0	1937.4	1611.6	1730.8	1532.6
中国大陆	75710.5	95312.2	101398.4	103822.8	115199.7	121467.9	123451.7
中国香港	49168.2	60084.7	60181.9	59240.9	60468.8	60579.5	58152.4
印度	21585.7	30667.5	35424.1	29805.2	25452.1	24566.4	22509.2
印尼	58517.0	67920.9	78015.6	79359.4	74578.9	71700.6	58695.6
日本	44951.8	55593.6	56058.7	52134.4	47505.7	46660.6	46480.2
韩国	38558.1	44062.1	46776.6	52738.7	50866.4	48491.3	44922.7
科威特	4260.9	3852.3	4700.6	6214.3	4724.0	4575.7	3909.3
老挝	53.2	35.1	44.2	44.3	40.2	62.5	100.4
马来西亚	86144.8	106603.8	112001.5	113370.6	113492.7	111354.2	97312.8
缅甸	1462.4	1690.7	1632.6	1772.4	3034.2	3233.8	3543.1
巴基斯坦	1237.4	1715.5	2460.4	1200.1	1424.5	1725.4	1804.1
菲律宾	14787.5	22298.1	16299.5	15467.3	14745.0	15025.4	15049.3
沙特阿拉伯	12832.7	16406.6	23263.1	23016.8	17639.8	20113.7	12272.0
斯里兰卡	1207.5	1749.1	1853.2	2058.0	2632.8	2349.6	2046.9
中国台湾	31177.5	42680.6	45689.4	49659.4	55413.8	58417.9	53758.3
泰国	26519.9	31284.2	31877.7	32169.3	30592.2	30161.9	29592.8
阿拉伯联合酋长国	11594.8	13875.3	20374.7	25492.7	27699.3	27115.6	18290.4
越南	13413.0	12254.1	14832.8	15407.2	16742.9	19532.0	21599.5
欧洲	99836.4	116169.8	122015.6	122817.2	115794.7	117657.2	108903.0
法国	17340.2	17649.5	18352.5	19158.3	15414.0	14494.4	14187.9
德国	17436.7	20494.2	21486.0	20645.3	20914.2	20306.6	19928.4
意大利	4597.5	4762.3	5699.4	5478.5	5830.4	6147.3	5654.5
荷兰	11811.5	15667.6	18249.1	18677.9	15188.1	15191.2	14150.3
瑞典	1619.5	2067.8	2009.5	1847.8	1671.8	1578.9	1738.2
英国	13712.6	15936.7	15923.5	16459.7	14273.4	12351.6	11919.6

续表

年份 地区/国家	2009	2010	2011	2012	2013	2014	2015
瑞士	5048.8	7754.3	6419.4	7639.7	7215.4	7289.3	7515.5
澳洲	27688.9	29780.5	35442.7	38465.5	34938.8	36432.2	28576.0
澳大利亚	21120.4	21821.3	24782.1	27387.8	24614.2	25336.6	20207.9
新西兰	2808.0	3106.3	3926.2	3480.6	3407.9	3949.7	3363.4
非洲	9056.7	12013.4	13827.4	14083.5	14103.9	15434.8	11479.4
欧盟	86859.7	99464.7	106083.8	105373.7	96552.6	95845.6	90543.6

注：欧盟（EU 28）包括奥地利、比利时、保加利亚、克罗地亚、塞浦路斯、捷克、丹麦、爱沙尼亚、芬兰、法国、德国、希腊、匈牙利、爱尔兰、意大利、拉脱维亚、立陶宛、卢森堡、马耳他、荷兰、波兰、葡萄牙、罗马尼亚、斯洛伐克、斯洛文尼亚、西班牙、瑞典、英国。
资料来源：新加坡统计局网站，http://www.singstat.gov.sg。

2015年新加坡进口贸易额为4077.68亿美元，按地区来看，新加坡前两大进口来源地区依次为亚洲——2774.69亿美元（占68.05%）、欧洲——663.67亿美元（占16.28%）；按国家和地区来看，中国大陆是新加坡最大的进口来源地，进口贸易额达579.00亿美元，占新加坡全年进口贸易额的14.2%（见表10-3）。

表10-3 按地区/国家划分的进口贸易额

单位：百万美元

年份 地区/国家	2009	2010	2011	2012	2013	2014	2015
合计	356299.2	423221.8	458456.1	474462.1	466754.5	463778.7	407767.9
美洲	52204.0	59728.4	63727.6	63733.7	66015.2	64084.4	55639.5
巴西	1777.7	1759.7	2410.6	2555.2	2129.2	2815.9	1898.4
加拿大	1401.0	1433.7	1406.8	1553.1	1533.4	1494.1	1522.8
美国	41435.5	47515.3	48348.7	48135.2	48278.6	47791.4	45634.6
亚洲	236094.1	290501.7	317090.0	328133.4	319773.9	315784.9	277469.3
巴林	437.1	300.0	238.7	468.2	571.3	416.0	272.1
孟加拉国	101.2	78.1	134.7	131.6	154.6	167.7	209.3
文莱	135.0	178.1	244.7	163.2	69.2	293.4	189.4
柬埔寨	614.1	217.4	238.9	703.0	227.2	331.6	213.7

续表

年份 地区/国家	2009	2010	2011	2012	2013	2014	2015
中国大陆	37585.3	45844.3	47747.7	48950.2	54669.1	56247.7	57899.6
中国香港	3894.4	4003.7	3610.3	3616.9	3687.4	4180.1	3651.1
印度	8156.5	12566.1	17770.9	16212.7	11415.8	10480.0	7921.8
印尼	20659.2	22937.1	24245.6	25228.2	24049.3	23784.0	19749.3
日本	27147.6	33261.5	32963.6	29538.6	25510.6	25477.1	25553.0
韩国	20338.7	24514.5	27317.9	32025.5	30069.1	27353.3	25021.4
科威特	4006.0	3607.0	4515.2	5991.3	4325.1	4326.4	3667.5
老挝	0.4	3.8	0.6	6.8	7.2	19.6	18.3
马来西亚	41336.3	49489.6	49166.9	50501.4	51090.7	49431.9	45424.7
缅甸	171.5	112.9	108.0	98.8	224.3	201.1	169.4
巴基斯坦	77.7	123.6	95.4	81.0	150.2	245.1	319.5
菲律宾	7475.0	12522.8	7793.2	7546.8	6366.1	6324.6	6233.6
沙特阿拉伯	11751.8	15297.1	22163.5	21508.6	16095.0	18504.3	10912.8
斯里兰卡	110.5	118.8	178.5	103.6	176.9	138.7	146.3
中国台湾	18577.2	25239.0	27333.3	31601.2	36271.6	37979.1	33914.6
泰国	11906.9	14000.5	14232.6	12669.5	11605.3	11106.4	10683.2
阿拉伯联合酋长国	6206.1	8692.8	14544.9	19603.7	20685.7	19458.3	11214.5
越南	3299.3	2193.0	2084.6	2806.7	3825.8	4052.2	4943.1
欧洲	59740.0	65907.0	70036.2	73148.7	72084.7	72860.2	66367.3
法国	12184.8	10118.8	10662.5	11343.5	10115.9	10254.8	10035.6
德国	11424.2	12124.5	13078.0	13203.6	13604.7	13482.4	12304.1
意大利	3967.4	3830.1	4475.7	4473.8	4900.9	5242.2	4863.3
荷兰	4607.9	7279.8	8761.7	9799.8	7156.2	5958.8	5635.7
瑞典	1459.2	1674.3	1632.7	1613.5	1521.1	1417.7	1549.2
英国	6545.2	7603.1	7595.7	8743.9	9955.1	7836.3	7673.6
瑞士	3584.5	6181.3	5378.4	5664.8	5440.7	5074.8	5157.2
澳洲	6858.7	5597.4	6086.1	7160.3	6340.0	7131.5	5718.5
澳大利亚	5803.7	4710.6	4705.3	6129.0	5195.3	5928.9	4414.7
新西兰	833.4	783.9	1253.2	872.4	1062.5	1125.2	989.9
非洲	1402.5	1487.4	1516.2	2286.0	2540.6	3917.7	2573.3
欧盟	49654.7	52267.3	57923.3	59615.4	57643.6	55422.8	51875.7

注：欧盟（EU 28）包括奥地利、比利时、保加利亚、克罗地亚、塞浦路斯、捷克、丹麦、爱沙尼亚、芬兰、法国、德国、希腊、匈牙利、爱尔兰、意大利、拉脱维亚、立陶宛、卢森堡、马耳他、荷兰、波兰、葡萄牙、罗马尼亚、斯洛伐克、斯洛文尼亚、西班牙、瑞典、英国。

资料来源：新加坡统计局网站，http://www.singstat.gov.sg。

2015年新加坡出口贸易额为4762.85亿美元，按地区来看，新加坡前两大出口目的地区依次为亚洲——3554.06亿美元（占74.62%）、美洲——465.80亿美元（占9.78%）；按国家和地区来看，中国大陆是新加坡最大的出口地区，新加坡向其出口贸易额达655.52亿美元，占新加坡全年出口贸易额的13.76%，第二大和第三大出口地区依次为中国香港和马来西亚，其出口额为545.01亿美元（占11.44%）、518.88亿美元（占10.89%）（见表10-4）。

表10-4 按地区/国家划分的出口贸易额

单位：百万美元

地区/国家 \ 年份	2009	2010	2011	2012	2013	2014	2015
合计	391118.2	478840.7	514137.4	508942.2	509191.1	513247.7	476285.4
美洲	43910.5	49943.9	53450.3	51613.0	53226.7	49197.9	46580.2
巴西	1728.5	1988.5	1754.1	1725.8	3421.6	2021.1	1572.8
加拿大	3563.6	1981.5	1765.1	1492.5	2016.1	1236.8	1028.1
美国	25485.1	30871.4	27444.8	27182.3	28585.1	27482.7	29844.9
亚洲	278626.9	343924.9	367040.0	364558.0	372092.4	378435.1	355405.8
巴林	119.9	124.2	98.3	127.8	125.6	185.8	154.5
孟加拉国	2046.1	2317.9	2854.3	2611.3	3177.2	4145.4	3136.2
文莱	1257.8	1286.2	1978.7	1541.6	1439.7	1113.6	1062.6
柬埔寨	1038.4	3000.3	1140.1	1234.4	1384.3	1399.1	1318.9
中国大陆	38125.1	49467.9	53650.7	54872.7	60530.6	65220.0	65552.1
中国香港	45273.8	56081.0	56571.7	55624.0	56781.4	56399.4	54501.2
印度	13429.3	18101.4	17653.0	13592.4	14036.0	14086.4	14587.4
印尼	37857.8	44983.8	53770.0	54131.2	50529.6	47916.6	38946.2
日本	17804.2	22332.1	23095.2	22595.8	21995.1	21183.4	20927.2
韩国	18219.4	19547.7	19458.7	20713.2	20797.3	21137.9	19901.3
科威特	254.8	245.3	185.3	223.0	399.0	249.3	241.7
老挝	52.9	31.3	43.6	37.6	33.0	42.9	82.1
马来西亚	44808.5	57114.2	62834.6	62869.2	62402.0	61922.8	51888.1
缅甸	1290.9	1577.7	1524.5	1673.6	2809.9	3032.7	3373.7
巴基斯坦	1159.7	1591.9	2365.0	1119.0	1274.3	1480.2	1484.6

续表

年份 地区/国家	2009	2010	2011	2012	2013	2014	2015
菲律宾	7312.5	9775.3	8506.2	7920.4	8378.9	8700.9	8815.7
沙特阿拉伯	1080.9	1109.6	1099.6	1508.2	1544.8	1609.4	1359.2
斯里兰卡	1097.0	1630.3	1674.7	1954.5	2455.9	2211.0	1900.6
中国台湾	12600.3	17441.5	18356.0	18058.2	19142.1	20438.7	19843.7
泰国	14613.0	17283.8	17645.1	19499.8	18986.9	19055.5	18909.6
阿拉伯联合酋长国	5388.7	5182.5	5829.9	5889.0	7013.6	7657.3	7075.9
越南	10113.7	10061.1	12748.2	12600.5	12917.1	15479.7	16656.4
欧洲	40096.4	50262.8	51979.4	49668.6	43710.0	44797.0	42535.7
法国	5155.4	7530.6	7690.0	7814.8	5298.1	4239.6	4152.3
德国	6012.5	8369.7	8408.0	7441.8	7309.5	6824.2	7624.3
意大利	630.0	932.1	1223.7	1004.7	929.6	905.1	791.2
荷兰	7203.6	8387.8	9487.4	8878.1	8031.9	9232.3	8514.6
瑞典	160.3	393.5	376.8	234.2	150.8	161.2	189.0
英国	7167.5	8333.6	8327.8	7715.8	4318.3	4515.4	4246.1
瑞士	1464.3	1573.0	1041.0	1974.9	1774.7	2214.5	2358.3
澳洲	20830.2	24183.1	29356.6	31305.2	28598.8	29300.7	22857.5
澳大利亚	15316.7	17110.7	20076.8	21258.8	19419.0	19407.7	15793.1
新西兰	1974.6	2322.4	2672.9	2608.2	2345.4	2824.5	2373.5
非洲	7654.2	10526.0	12311.1	11797.5	11563.3	11517.0	8906.1
欧盟	37205.0	47197.4	48160.5	45758.3	38909.0	40422.8	38667.9

注：欧盟（EU 28）包括奥地利、比利时、保加利亚、克罗地亚、塞浦路斯、捷克、丹麦、爱沙尼亚、芬兰、法国、德国、希腊、匈牙利、爱尔兰、意大利、拉脱维亚、立陶宛、卢森堡、马耳他、荷兰、波兰、葡萄牙、罗马尼亚、斯洛伐克、斯洛文尼亚、西班牙、瑞典、英国。

资料来源：新加坡统计局网站，http://www.singstat.gov.sg。

四、贸易结构

随着新加坡经济快速发展，其产业结构不断优化，经济结构更趋合理，其对外贸易的商品结构也在发生变化。在商品进出口领域，出口商品中初级产品的比重不断下降，高附加值商品的比重不断上升，商品进口的规模也在不断扩大。新加坡对外贸易多年来一直保持顺差，比较优势明显。

从进口贸易结构来看，20世纪60年代初期，新加坡主要是进口食品和转口初级产品，约占进口商品总额的2/3。20世纪60年代中期至70年代中期，主要进口工业原材料、半成品和机械运输设备。20世纪70年代中期至80年代中期主要进口先进的生产设备和机械、日用电子材料和运输设备。20世纪90年代以来，进口商品中的机械和交通设备最多，占进口总额的近一半，化工产品、制造业类产品占进口额的30%，初级产品的进口不断下降，原油的进口只占20%。随着新加坡农业面积的不断减少，新加坡的粮食、蔬菜基本依赖进口。2000年后，新加坡进口商品结构中，矿物燃料和机械设备占据主要地位。2015年，新加坡进口商品中，机械设备进口额1945.97亿美元，占商品进口额的47.72%；矿物燃料进口额887.73亿美元，占商品进口额的21.77%；化工产品进口额314.64亿美元，占商品进口额的7.72%。三者共占进口总额的70%以上（见表10-5）。

表10-5　2009~2015年新加坡进口商品结构

单位：百万美元

年份	2009	2010	2011	2012	2013	2014	2015
合计	356299.2	423221.8	458456.1	474462.1	466754.5	463778.7	407767.9
食品	8083.5	9290.3	10295.7	10035.6	10590.7	11353.5	11254.1
酒水烟草	2714.1	3067.8	3678.7	4015.4	4490.4	4399.2	4368.1
原材料	3593.1	3003.9	3726.0	3881.3	4203.9	3615.3	3369.0
矿物燃料	89000.6	115591.6	149945.6	154803.0	146278.6	143740.2	88772.5
动植物油	705.4	842.8	1481.2	1742.7	1425.3	1346.1	1080.4
化工产品	21443.1	28629.7	31882.1	32402.5	31887.6	32812.2	31463.9
制造业产品	26036.9	26457.6	30995.6	29642.1	29251.1	31795.0	28211.5
机械设备	169832.5	196105.6	188268.1	196288.1	195446.1	191976.9	194597.3

续表

年份	2009	2010	2011	2012	2013	2014	2015
其他制成品	24869.5	29683.6	30861.2	33934.6	35966.4	35237.3	35686.0
杂项	10020.5	10548.9	7322.0	7716.8	7214.3	7503.1	8965.3

资料来源：新加坡统计局网站，http://www.singstat.gov.sg。

从出口贸易结构来看，20世纪60年代初期的出口商品主要是橡胶、纺织纤维、食品、塑料、木材等原材料。20世纪60年代后期主要出口石油产品、钻井平台、船舶及纺织、服装、食品、塑料制品等劳动密集型产品。20世纪70年代则是以出口石油制品、电子、电器、船舶和化学制品等技术密集型产品为主，而这一时期电子电器和修造船业的出口贸易大幅上升，船舶业居第三位，仅次于石油产品和橡胶。20世纪80年代，高技术产业迅速发展，新加坡工业化比较成熟，主要的出口产品为电脑设备、计算机软件、自动化器材组件、采油机械、工业电子产品等。20世纪90年代，石化产品、电子产品和原件成为主要的出口产品，制造业产品占总出口额的97%左右，其中电子产品占新加坡出口额的75%。新加坡繁荣的港口贸易和超强的运输能力，使新加坡转口贸易在对外贸易中仍有较重要的地位。2007年，新加坡对外出口中，本国直接出口占52.1%，转口出口占47.9%；2015年，新加坡对外出口中，本国直接出口额为2334.23亿美元，占其出口总额的49.0%。

2015年，新加坡的总出口额为4762.85亿美元，其中机械设备出口最大，占其出口总额的51.2%。

表10-6 2009~2015年新加坡出口商品结构

单位：百万美元

年份	2009	2010	2011	2012	2013	2014	2015
合计	391118.2	478840.7	514137.4	508942.2	509191.1	513247.7	476285.4
食品	4718.2	5455.3	6663.2	6230.0	7063.7	8231.7	8219.7
酒水烟草	2824.6	3256.5	3789.6	4354.7	4619.0	4774.3	5427.2

续表

年份	2009	2010	2011	2012	2013	2014	2015
原材料	2262.1	2819.9	3315.2	3030.6	3643.2	3472.5	3572.3
矿物燃料	78398.0	103511.0	136773.5	130900.0	124960.9	122862.5	81828.7
动植物油	593.0	610.6	546.1	403.2	367.7	351.5	274.8
化工产品	46597.8	56644.3	64777.1	67518.6	63522.0	67252.0	65614.1
制造业产品	16798.4	18860.7	20123.8	19144.6	20157.8	21563.7	19585.6
机械设备	202512.0	244128.0	235345.6	230884.9	237685.1	237385.1	243737.6
其他制成品	27875.5	33775.1	35582.9	38615.1	40525.6	41002.7	41897.3
杂项	8538.6	9779.5	7220.4	7860.4	6646.1	6351.6	6128.1

资料来源：新加坡统计局网站，http://www.singstat.gov.sg。

五、服务贸易

随着新加坡服务贸易进出口的逐渐扩大，新加坡2015年全年服务贸易总额增长0.3%，达3891.85亿美元。2015年，服务出口贸易额增长0.49%，达到1919.4亿美元，业务领域主要集中在交通运输服务、金融与保险服务、商旅服务、商业管理服务、维修与保养服务以及其他服务，得益于广告和市场研究，电信、计算机和信息、金融和保险服务以及知识产权的使用。服务进口贸易额增长0.12%，达到1972.45亿美元，服务贸易赤字由2014年的59.94亿美元缩小至2015年的53.05亿美元。

交通运输服务、旅游服务与商业管理服务是新加坡服务贸易的主要产业，三者出口额之和与进口额之和分别占到2015年服务贸易出口额的53.4%和进口额的54.4%。

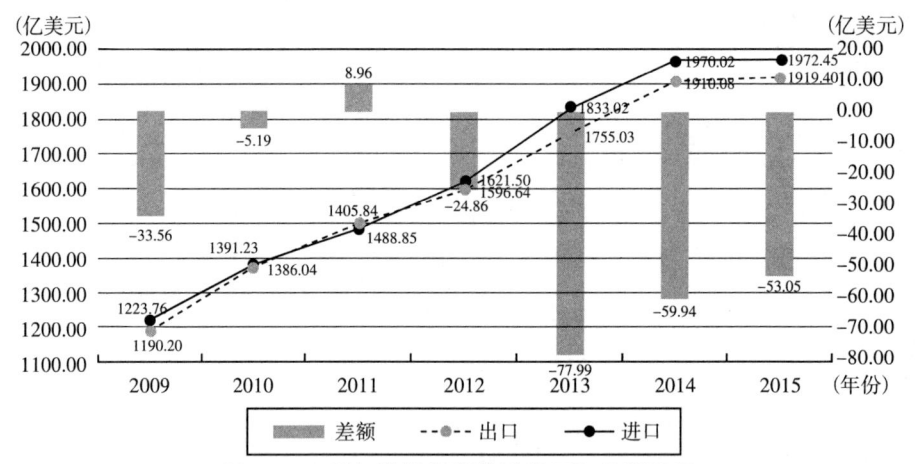

图 10-1 新加坡服务贸易进出口和差额情况

资料来源：新加坡统计局网站，http://www.singstat.gov.sg。

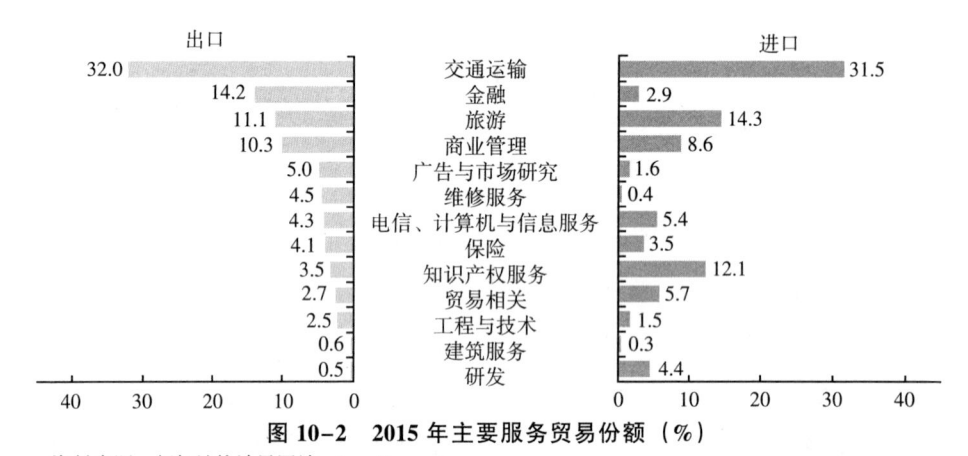

图 10-2 2015 年主要服务贸易份额（%）

资料来源：新加坡统计局网站，http://www.singstat.gov.sg。

第十一章　投资地理

新加坡政府非常重视对外投资所带来的经济、政治、文化等方面的利益，21世纪以来，新加坡的对外投资有了更快的发展，每年增长率都在4%以上。

新加坡外资管理的主要特点是减少和简化管理流程，重点在于根据其经济发展阶段和产业政策的变化不断调整针对外资的投资激励措施，利用政府拨款以及税收优惠等激励政策吸引外资，推进对优先行业进行新投资。20世纪60年代，新加坡允许外国投资者设立独资企业，经济领域内除公用事业和电信业外几乎所有部门都鼓励、允许外国投资。20世纪70年代，新加坡政府引导外国投资者向高附加值、资本密集型产业投资，其中以电子业最为突出。20世纪80年代，新加坡政府将金融、运输、通信、旅游等服务业确定为优先发展对象。

20世纪90年代，新加坡政府开始鼓励高新技术产业的持续投资，将服务业作为优先发展的产业，鼓励外国跨国公司在新加坡设立区域性营业总部，对在新加坡进行离岸金融业务活动的收入豁免所得税。亚洲金融危机之后，新加坡政府颁布了《21世纪工业化计划》，鼓励吸引外资促进知识密集型产业的发展，外资管理的调整方面更多的是投资环境与经营环境的营造[1]。

---

[1] 张娟，廖璇. 解密新加坡外资管理模式 [J]. 国际市场，2014（1）：50~53.

一、FDI 政策

新加坡采用"负面清单"的方式列出限制外资进入的领域，主要是涉及国家安全、公共利益等的行业。新加坡的通信领域从 2000 年 4 月起完全开放；电力领域从 2001 年 4 月起部分开放；金融领域演变成以信息披露为本和鼓励金融创新为主的管理体制，但金融、保险等一些领域的投资，仍需预先取得许可证。目前，新加坡的公用事业（公共交通、电力、煤气、供水）、新闻传播、武器制造等领域限制外商投资。除了上述限制投资的行业之外，其他经济领域基本上放开。

新加坡对部分服务行业有外资股权限制：新加坡公用事业公司的外资持股总比例不得超过 49%；新加坡对有关港口和机场运营的公司，外资股权比例不得超过 5%；《新加坡广播业法》规定外国资本在电视广播行业的持股比例不得超过 50%；本地报刊业外资私有股权不得超过 5%。另外，《新加坡报纸和印刷法令》还规定报社的主管必须是新加坡公民；虽然在输电和物流行业没有外资股权比例的限制，但其现有的垄断市场结构显示绝大部分股权为国有企业所有，外国资本很难进入。

新加坡政府专门为投资者制定了一整套完整的激励机制。新加坡经济发展局推出了一系列财政激励政策，具体涉及设备、技术、业务拓展、研发、知识产权、总部管理以及产业发展等领域。新加坡标准、生产力与创新局（SPRING Singapore）还在融资、企业能力及管理发展、技术与创新、市场准入等方面为新兴公司提供诸多服务。新加坡国内税务局（IRAS）全面监控税收制度的实施情况。外商在新加坡经营企业，能享受到全世界最低的公司税税率，居民公司还能享受其他优惠待遇，具体包括避免双重征税协定待遇、对来源于境外的收入实行减免税，以及新成立的公司可享受减免税等[①]。

表 11-1　新加坡有资格享受税收优惠的活动类别

类别	目标经济活动	可能的税收优惠
制造业/服务业	• 新产品或工艺 • 投资生产设备 • 总部行为 • 航运 • 知识产权管理	• 免税期或减税税率 • 固定资产投资减免税 • 增加扣减/免除 • 预扣所得税免除
贸易	• 货物贸易	• 减税税率 • 增加扣减/免除
金融	• 银行 • 保险 • 国债 • 基金管理	• 减税税率和预扣所得税免除 • 增加扣减/免除 • 基金免税和降低基金管理人的税率

资料来源：张娟，廖璇.解密新加坡外资管理模式[J].国际市场，2014（1）：50~53.

二、吸收外资

新加坡鼓励投资政策吸引了大批资金雄厚、技术先进的跨国财团来新加坡投资、兴办企业。吸引投资的领域分别为资讯电子、生物化学等资本、技术密集型行业和高增加值行业等。

截至 2014 年，新加坡共吸引外资 10245.86 亿美元，相比 2013 年增长 18.02%，其中最大的外资来源国为美国和日本，来自美国和日本的投资额分别为 1530.49 亿美元、1093.41 亿美元，分别占比 14.94%、10.67%（见表 11-2）。

[①] 张娟，廖璇.解密新加坡外资管理模式[J].国际市场，2014（1）：50~53.

表 11-2　按地区/国家划分对新加坡的外商直接投资（存量）

单位：百万美元

年份	2008	2009	2010	2011	2012	2013	2014
合计	510585.2	574703.6	625780.4	677391.7	761637.1	868149.2	1024585.7
亚洲	120240.3	145894.9	152854.0	163440.5	186079.7	211547.2	267352.3
文莱	297.0	317.9	292.5	336.2	367.6	389.5	341.2
柬埔寨	1.5	0.9	6.9	22.8	22.6	23.1	28.9
中国大陆	4423.7	9725.7	14028.7	13612.1	14669.7	16089.0	16229.3
中国香港	11939.1	18145.8	19066.1	23468.1	29053.2	34764.9	43392.9
印度	16861.4	21954.8	24515.8	23204.5	23487.6	23846.4	22673.2
印尼	2962.4	3894.0	1482.8	819.4	2461.9	2209.8	2479.2
以色列	5060.8	4992.5	4710.9	4747.4	4534.1	4667.7	4501.0
日本	50446.1	50515.4	53577.4	53722.1	58702.8	72195.6	109341.0
韩国	3250.5	2906.3	3062.1	4143.5	3306.4	4681.9	7492.5
老挝	1.6	5.7	2.5	3.8	3.7	4.1	1.7
马来西亚	12585.3	15864.9	14437.6	19867.9	27684.6	27152.0	29187.2
缅甸	94.7	18.9	45.0	19.4	4.0	26.8	43.7
菲律宾	1101.0	1080.3	1353.1	2018.6	1974.6	2788.0	3239.1
中国台湾	6553.2	6169.4	5772.1	7195.4	7265.7	8455.7	12433.3
泰国	1814.3	2076.0	5357.9	4165.0	3808.4	4171.6	4516.1
越南	28.9	28.2	59.6	60.6	24.2	107.8	165.3
欧洲	203850.7	221807.3	230861.9	257368.8	265358.9	301131.6	319637.9
丹麦	3101.5	3905.0	8241.7	8973.9	10027.5	10605.8	10106.9
法国	9507.2	8103.7	8064.9	10609.2	12574.3	13057.8	15713.7
德国	11227.0	11136.4	13947.0	14215.9	14673.3	15917.0	18015.8
爱尔兰	3286.1	3092.1	5055.2	7131.5	7897.9	7321.9	10128.6
卢森堡	8054.1	18142.3	19968.3	23797.5	21256.5	24109.6	37603.1
荷兰	61001.4	61511.7	60546.5	69372.9	75371.3	84422.1	69492.7
挪威	21267.0	23134.0	22075.9	21632.5	20489.4	21327.9	21931.6
瑞士	23504.9	26851.5	27166.3	28566.7	32427.0	40036.9	43614.8
英国	47569.0	49499.4	48947.3	55654.0	48865.3	59132.6	62192.7
北美洲	55780.2	61850.8	70499.5	79095.2	110269.8	124986.5	161679.0
美国	52758.1	58968.8	67082.0	74648.5	105098.9	118033.6	153048.5

续表

年份	2008	2009	2010	2011	2012	2013	2014
加拿大	3022.1	2882.1	3417.5	4446.7	5170.8	6952.9	8630.5
澳洲	8235.1	9523.2	11446.6	13761.2	15436.2	17036.4	23389.1
澳大利亚	4572.7	6004.3	7145.5	9197.5	9922.4	10163.5	15164.1
新西兰	1902.6	2109.6	2503.4	3081.5	3472.6	4065.1	3433.1
美国南部和中部及加勒比海	109156.4	122052.1	144716.5	149245.0	166915.1	193469.0	227902.0
非洲	12325.2	12754.2	15396.4	14338.1	17122.5	19614.9	21524.5
东盟	18886.6	23286.8	23037.9	27313.7	36351.6	36872.8	40002.4
欧盟	153400.4	166582.8	175696.4	198874.3	202829.2	226939.5	239594.0

注：东盟包括文莱、柬埔寨、印尼、老挝、马来西亚、缅甸、菲律宾、泰国和越南。
欧盟（EU 28）包括奥地利、比利时、保加利亚、克罗地亚、塞浦路斯、捷克、丹麦、爱沙尼亚、芬兰、法国、德国、希腊、匈牙利、爱尔兰、意大利、拉脱维亚、立陶宛、卢森堡、马耳他、荷兰、波兰、葡萄牙、罗马尼亚、斯洛伐克、斯洛文尼亚、西班牙、瑞典、英国。
资料来源：新加坡统计局网站，http://www.singstat.gov.sg。

归纳起来，新加坡利用外资取得如此骄人的成绩主要有以下三方面的经验。

（一）充分发挥自身优势

新加坡独立之初，在资金缺乏、百废待兴、百业待举的情况下，结合自己的优势，把交通、通信等基础设施建设放在突出位置，不断拓展海运业、航空业、造船、修船业以及与之配套的仓储、运输等服务业，把地理位置的优势变成了现实的经济优势，由此诞生和拓展的一系列产业构成了新加坡经济的基石，并以此吸引世界各国的外来投资，积极参与本国的建设，取得了明显的效果。世界众多跨国公司之所以选择新加坡作为其区域性总部，其中一个重要的原因就是新加坡便捷的通道条件和相应的金融、商业服务。

（二）以世界为市场，适时调整产业结构

对于没有自然资源和经济腹地的新加坡来说，把眼光投向世

界，向世界要资源、要市场是其实现经济腾飞的重要举措，几次大的产业结构调整充分证明了这一点。1959~1965年是新加坡对外直接投资的大力引入阶段，当时政府实行进口替代战略，为吸引进口零部件在国内组装并在当地市场销售的外国直接投资，外资企业的产品一旦达到替代进口水平，政府即通过限制原有进口给予市场保护；1965年以后，外资政策转向鼓励发展出口导向的劳动密集型产业；20世纪70年代，为实现充分就业，政府把外资政策调整为发展资本密集型产业；20世纪80年代后，以"第二次工业革命"为口号，使产业结构向高资本、高技术构成的更高层次转变，即重点发展资本、技术密集型产业；20世纪90年代，为实现经济持续增长，提出了"双发动机"和"第二翅膀"，培育服务业成为经济增长的主要动力；2000年以来，着眼于长远的竞争，继续推进经济结构调整，增加了对知识密集型产业的投资引导，提出要发展"智本经济"，培育生物技术和高科技、高附加值产业。这几次大的产业结构调整都是以世界为市场、以国际化需求为前提，超前研究和决策，凭借自身优势创造出了新的发展优势，使新加坡不断保持在世界市场竞争中的领先地位。

（三）激励政策的有效运用

20世纪中期，新加坡主要运用财政激励吸引外资，包括名目繁多的税法规定，其总体目标是降低外来投资者的税收负担，其中以所得税的减免为主。20世纪60年代新加坡外资政策转向鼓励出口导向型直接投资以后，激励政策也随之转变，转向以运用金融工具为主，它涉及优惠信贷和政府控制下的金融市场的利用。1967年，新政府颁布了"经济扩展鼓励法令"，进一步提出了奖励出口的办法，包括对出口商提供优惠贷款、出口信贷保险（最高保额达贷款额的85%）。

20世纪70年代中后期，新加坡进入提升投资阶段，政府坚决地实施促进其工业部门升级换代的政策，大力引导跨国公司向高附加值领域投资。政府选择制造业和服务业的特定领域作为有限发展产业，并将激励性补贴或保护措施与获取特定利益相结合，由此吸引了众多小型研究密集型产业的跨国公司。

20世纪80年代，新加坡为了吸引"进行产品开发，管理其财务活动，并向子公司提供行政、技术和管理服务"的营运总部，政府着重在信贷提供、人力资源开发和基础设施现代化方面实施积极的政策推动。经过多年的努力，新加坡成功地成为跨国公司在亚太地区所建功能性总部最集中的地区[1]。

三、对外投资

新加坡企业开展海外投资起步较早，在建国初期就开始了对外投资的探索。可以说，新加坡政府在对外开放初期，就同时实施对外贸易、利用外资和推动企业对外投资三大战略[2]。对外投资已成为新加坡经济增长的重要动力，其在海外不断的投资所带来的利润为新加坡的经济增长做出了重要贡献，而这与新加坡政府在其中发挥的引导性作用是分不开的。

20世纪60年代，新加坡的对外投资主要集中在马来西亚等邻近国家。70年代，新加坡开始将劳动密集型产业向海外转移，逐渐扩大到整个亚太地区。到了80年代，新加坡资本开始大量涌入欧美国家，主要对外投资国家是美国、日本、澳大利亚等发达国家。通过对发达国家的投资，特别是对欧美企业的收购，新加坡企业获取

---

[1] 李俊. 新加坡利用外资发展经济的思路带来的思考[J]. 经济问题探索，2003(7)：121~124.
[2] 李皖南. 新加坡推动企业海外投资的经验与借鉴[J]. 国际贸易问题，2011(8)：48~57.

了部分尖端技术及市场信息。1981~1989年，新加坡在外国的直接投资中，亚洲地区的比重从76.9%下降到66.9%。但由于投资经验不足、竞争激烈，新加坡在美欧的投资大多效益不佳，有些甚至严重亏损。

20世纪90年代，中国、印度、越南等亚太国家逐步开放市场，并为吸引外资而提供优惠政策，新加坡再度将投资方向转移到亚洲邻近的国家和地区。新加坡与欧美联合在亚洲国家投资建立工业园，通过各自优势互补，新加坡的对外投资额为84亿美元，1994年增长至105亿美元，54%的投资流入亚洲，其中在中国的直接投资金额为22.4亿美元。

进入21世纪，发达国家经济增长缓慢，而发展中国家尤其是亚太地区的发展中国家经济快速增长，针对全球经济环境的此种变化，新加坡仍然坚持将投资重点放在亚洲，还将中南美洲的投资大幅转移到亚洲。新加坡对亚洲投资占其海外投资总额的比重从2001年的48.5%上升到2008年的53.2%，对中南美洲的投资比重从2001年的30%下降到2008年的17.3%。

2008年，新加坡在亚洲的直接投资存量达到1752.4亿美元，对中南美洲的投资存量为527.79亿美元。新加坡对亚洲的投资，重点投向了东盟和中国大陆，截至2014年，新加坡对东盟投资总额达1178.46亿美元，占新加坡对外投资总额的19.01%；新加坡对中国投资总额达1100.88亿美元，占新加坡对外投资总额的17.76%（见表11-3）。

表11-3 按地区/国家划分的新加坡对外投资（存量）

单位：百万美元

地区/国家 \ 年份	2008	2009	2010	2011	2012	2013	2014
合计	311517.8	370248.7	425673.8	446999.2	493024.7	536317.2	619997.2
亚洲	175240.3	201275.4	225701.6	257202.5	274759.8	290082.1	320942.0
文莱	160.0	202.0	177.7	149.5	207.6	227.6	243.5

续表

年份 地区/国家	2008	2009	2010	2011	2012	2013	2014
柬埔寨	268.3	271.9	271.5	216.5	225.7	242.1	253.2
中国大陆	54472.1	62241.2	72430.8	85218.1	92047.0	101673.7	110087.7
中国香港	20054.4	23425.2	25008.0	39097.9	39796.5	42644.8	50230.7
印度	6740.9	9545.2	10630.8	11242.1	12909.4	15219.9	19432.4
印尼	22327.1	28161.8	31343.1	34848.2	39923.3	40499.8	46349.6
日本	8040.4	9388.8	13567.7	13258.7	8719.0	7272.9	6680.0
韩国	2530.8	2786.0	3221.4	2773.8	2886.9	3420.9	3763.0
老挝	212.3	226.3	222.7	225.2	226.3	163.9	262.1
马来西亚	24577.7	26792.3	31470.4	33116.9	36486.3	36699.1	39435.1
缅甸	201.4	196.0	183.4	174.3	291.8	332.2	1931.3
菲律宾	4291.7	4978.4	5235.8	5393.1	5330.4	5226.7	5343.9
中国台湾	5941.9	5999.2	5840.2	5986.4	7260.5	7514.6	6926.1
泰国	19205.9	20433.2	19981.4	19810.6	19669.0	18990.2	19236.6
越南	2837.0	3131.3	2731.4	3053.2	3708.7	4225.1	4790.7
欧洲	37218.6	51087.4	63107.3	61846.1	79009.0	92811.7	98676.4
德国	593.3	998.1	1715.6	1652.8	1576.9	1369.2	1475.0
卢森堡	208.7	242.9	877.7	1607.3	12172.6	15988.7	25452.7
荷兰	4317.4	4972.4	7501.9	7537.9	7647.9	10166.0	12266.5
挪威	1734.2	1961.4	2125.5	2057.1	2811.9	3155.9	3253.1
瑞士	4752.6	4738.3	4433.3	3435.5	3661.4	4431.1	4325.6
英国	19925.0	32492.4	39502.4	37254.8	42980.3	48561.0	41597.0
北美	11988.0	14264.7	14680.9	8163.4	9713.9	10281.9	14463.6
美国	11735.7	13134.5	14154.8	7371.9	8318.8	9721.2	12269.0
加拿大	252.3	1130.2	526.1	791.4	1395.1	560.7	2194.6
澳洲	21174.4	26370.9	36916.5	40038.8	44187.1	47695.5	47590.5
澳大利亚	18121.6	23106.6	33322.6	36106.5	40471.2	43348.4	42901.4
新西兰	924.0	1119.4	1265.5	1565.6	1710.4	2137.1	2247.9
美国南部和中部及加勒比海	52779.1	58800.6	59372.2	59032.7	63644.2	73641.7	116245.7
非洲	13117.4	18449.8	25895.0	20715.8	21710.6	21804.2	22079.0
东盟	74081.6	84393.3	91617.4	96987.6	106069.0	106606.6	117846.1
欧盟	30186.1	43718.6	54949.6	54437.1	70247.4	83011.5	88806.4

注：东盟包括文莱、柬埔寨、印尼、老挝、马来西亚、缅甸、菲律宾、泰国和越南。
欧盟（EU 28）包括奥地利、比利时、保加利亚、克罗地亚、塞浦路斯、捷克、丹麦、爱沙尼亚、芬兰、法国、德国、希腊、匈牙利、爱尔兰、意大利、拉脱维亚、立陶宛、卢森堡、马耳他、荷兰、波兰、葡萄牙、罗马尼亚、斯洛伐克、斯洛文尼亚、西班牙、瑞典、英国。
资料来源：新加坡统计局网站，http://www.singstat.gov.sg。

第十二章　金融地理

目前，新加坡已成为继日本、中国香港之后的亚洲第三大国际金融中心，是全球第四大外汇市场，国际跨国公司落户新加坡的数量超过5000家，许多还在新加坡设立地区性总部。新加坡国际金融中心属于政府主导型，其在转口贸易、制造业、海港物流和服务业的突出优势为新加坡成为亚洲国际金融中心奠定了产业基础，形成了货币、资本、黄金、外汇等多层次的金融市场体系。新加坡制定金融立国的发展战略，抓住国际金融市场对美元离岸需求的机遇，使它成为亚洲地区美元离岸市场的龙头，并确立了在国际金融市场中的独特地位。新加坡实行内外有别的金融管理体系，严格保护本国银行业的发展。除此之外，高度外向型的经济使其在金融机构、资本来源和金融人才方面都高度国际化。

20世纪70年代，新加坡金融业的收入占GDP的7.5%，现在这一数字已提升至11.2%。新加坡现有银行122家，本地银行共6家，主要有星展银行、大华银行、华侨银行等。新加坡有投资银行53家，离岸银行37家，证券交易所96家，证券行61家，保险公司149家，保险中介公司60家，基金管理公司117家，期货公司32家，财务顾问机构53家。新加坡汇集了众多的金融机构，其密集度和多样化满足了经济发展对金融的巨大需求。

新加坡金融业的快速发展与政府的鼎力支持有着密切的关系。随着新加坡金融中心影响力的扩大，政府通过内改外引的方法不断完善新加坡的金融制度，建立证券期货市场，允许个人利用公积金购买黄金、股票等，以扩大金融市场规模。1968年，新加坡建立了亚洲的美元市场，这是新加坡金融国际化的重要里程碑。新加坡是亚洲第一个设立金融期货市场的金融中心，这对新加坡的国际风险管理活动起到了很大的促进作用。新加坡的金融市场一直发挥着独特的作用，服务整个亚太地区，在基金管理、外汇兑换、财富管理方面处于领先地位。

新加坡没有正式的中央银行，在宽松的金融环境下政府为强化宏观调控，设立了新加坡金融管理局、货币委员会和政府投资公司分别来行使金融监管、货币发行和管理外汇储备的智能，三者独立行使职权，不受政府及其他任何部门的干预。

一、金融市场

(一) 货币市场

新加坡货币市场主要由银行间市场和贴现市场组成。

在银行间市场上，拥有多余资金的银行和资金不足的银行通过经纪人达成交易。一般银行由于必须遵守法定的最低现金储备率和流动性资产比率，又由于支票的清算，会出现短期的资金不足，这时就可以在银行间市场上借入补足。

在贴现市场上，银行将多余的资金以短期存款的形式存放在贴现行，贴现行则利用这些资金，将其投资于国库券、政府证券、贸易票据和新加坡可转让存单等，并将所得收益支付给存款人。与银行间市场不同的是，银行不能从贴现借入资金。

新加坡金融管理局对贴现市场上的贴现采取指标管理方式。第一个指标是债务资本比率，即贴现行可借入的金额与其资本和储备金的比率。第二个指标是资产比率，即贴现行持有的各项资产，如国库券、商业票据等比例。

新加坡金融管理局是货币市场上的最后贷款者，它向贴现行提供贷款，但要求以国库券和政府证券为担保。贴现行也一直是国库券的重要购买者。银行间市场和贴现市场的迅速发展使银行和其他金融机构能够更好地运用其短期资金获取利息，从而提高了新加坡金融体系的效率。

（二）资本市场

在新加坡和马来西亚刚刚独立时，两国仍共用一个证券市场，直到1973年5月马来西亚政府决定中止两国货币的互换性后，证券市场也随之一分为二。1973年6月新加坡证券交易所作为一个独立的交易所正式营业。

1. 新加坡交易所（SES）

新加坡交易所（Singapore Exchange，简称SGX、新交所）是亚太地区第一家企业股份制交易所，于1973年5月24日正式成立；于1999年12月1日由新加坡证券交易所（SES）和新加坡国际金融交易所（SIMEX）合并而成；2000年11月23日，成为亚太地区第一家通过公开募股和私募配售方式上市的交易所。

2. 新加坡自动报价市场（SESDAQ）

SESDAQ市场成立于1987年2月，主要宗旨是为成长中的中小型公司提供最佳融资渠道。因此其标准比新加坡股票交易所要低。1988年3月，SESDAQ又与美国NASDAQ连接，从而使新加坡投资者也能买卖美国市场的股票。

SESDAQ是通过电脑屏幕进行交易的系统，并由一些注册的造市者（Market-maker）负责维持市场。投资者要买卖SESDAQ的证券必须通过该系统的参与者进行。这些参与者包括新加坡股票交易所的会员公司和获准交易该系统证券的合伙人。中央保管有限公司（CDP）是所有交易的清算所，还负责保存交易记录和更新所有 SESDAQ 证券账户。

1990 年 3 月，共有 13 家新加坡公司的股票在 SESDAQ 市场交易，同时 SESDAQ 也可以对 NASDAQ 上市证券进行交易。

1987 年 5 月，新加坡开设了"政府证券自动报价系统"，该系统利用电脑系统对政府证券进行从发行、交易、兑付到转让、过户及登记注册等一系列处理过程。

3. CLOB 国际市场

CLOB 国际市场成立于 1990 年 1 月，宗旨是避免马来西亚公司在新加坡股票交易所重复上市。但由于投资者仍愿在新加坡股票交易所对马来西亚公司股票进行交易，因此，CLOB 国际市场主要是作为没有在新加坡股票交易所上市的马来西亚公司的股票交易的场所。目前，新加坡政府有意将该市场办成一个亚太地区新兴工业化国家和其他东盟国家公司股票的交易市场，因而今后可能鼓励这些国家的公司在 CLOB 国际市场上市。

（三）金融市场现状

1. 规模和人才

2013 年，新加坡金融业增加值为 332 亿美元，金融业占 GDP 的比重为 11.2%，金融行业从业人数 15 万人，有 3 家顶级的商学院（以入围全球 50 大商学院为标准）。新加坡的开放性决定了其吸引金融人才的优势，人才背景更加多元化、国际化。

2. 金融机构

新加坡现有各类金融机构 600 余家，其中，银行近 120 家、投资银行 50 余家、保险公司 130 余家、保险中介公司 60 余家、基金管理公司 100 家、证券行 60 余家、期货公司 30 余家、财务顾问 50 余家。

3. 股票市场

截至 2013 年底，新加坡的股票市场价值为 0.8 万亿美元，占全球市场比例的 1.4%，新交所企业市值（约合 7531 亿美元）大约只有上海市场的两成；上市公司数量共 775 家，其中外国公司数量为 291 家，大约占到 38%的比重。在全球五大金融中心中，外国公司数量占比最大，这也充分反映了新加坡经济的外向性。

4. 外汇交易市场

新加坡的外汇市场是 20 世纪 70 年代初兴起的，目前是全球第四大外汇市场、亚洲最大的外汇交易市场。2013 年 4 月，新加坡外汇市场的日均成交额为 3830 亿美元，占全球市场的比例为 5.7%。新加坡外汇交易以美元为主，约占交易总额的 85%，大部分交易是即期交易，掉期交易及远期交易合计占交易总额的 1/3。

5. 金融衍生品市场

新加坡是亚太地区第一个设立金融期货市场的金融中心，由于其独特的地理位置，时差正好位于纽约和伦敦之间，从而成为衔接美国金融衍生交易和欧洲金融衍生交易的桥梁。2013 年 4 月场外利率衍生品日均成交额为 348 亿美元，在金融衍生品方面比中国香港更具有优势，新加坡国际金融交易所是亚洲第一家金融期货交易所、亚洲第一家能源期货交易所。

6. 大宗商品衍生品市场

大宗商品衍生品已成为新加坡交易所发展最快的业务，目前新加坡大宗商品衍生品交易税率为 5%，远低于瑞士的 10%和伦敦的 12%。进驻新加坡的金属和矿物交易商 5 年前只有几家，2014 年已经超过 100 家。中国最大有色金属贸易商之一——迈科金属国际集团，已在新加坡建立基地；2012 年 5 月，全球最大的大宗商品交易商之一——荷兰托克公司将名义总部由瑞士迁至新加坡。与此同时，必和必拓也决定关闭位于荷兰海牙的煤炭和铁矿石销售中心，并将资深交易员迁至新加坡。

7. 离岸金融

新加坡针对亚洲三大经济体——中国、印度和日本，构建了全球最大的亚洲股指期货离岸市场。同时，当地也成为离岸人民币业务的中心之一。2013年，新加坡启动人民币清算业务，其策略灵活，充分体现了城市国家的特点。

8. 财富管理

新加坡金改后，发展最成功的是财富管理和私人银行领域。根据金管局历年来关于资产管理行业的调查报告，新加坡金融机构的资产在管规模从1998年起翻了10倍，2013年已经达到1.82万亿新元，在全球排名仅次于瑞士。新加坡吸引了瑞士银行、瑞信银行等以私人银行、资产管理见长的公司设立私人银行亚太区域总部，其在当地的业务规模仅次于大本营瑞士。在新加坡不仅有星展银行等6家本土银行，更有117家外资银行在当地开展业务，汇丰银行和渣打银行将其全球私人银行总部设立在新加坡；更值得一提的是，2013年7月，瑞士中央银行在创立107年以后，选择在新加坡首度设立海外分支机构。

9. 基金管理市场

新加坡的基金资产管理规模1998年仅有870亿美元，低于中国香港，2003年则攀升至2700亿美元，超过了中国香港，而且这种趋势被逐渐强化。2012年，香港的金融机构在管资产规模为8.25万亿港元（约合1.1万亿美元），比新加坡低了20%。在新加坡成立的基金，其资金来源和投资目的地主体都不是新加坡本土，2013年77%的在管资产是从新加坡境外吸收的，而90%的资产又配置于新加坡境外，其中，投资于亚太地区的比例一直稳中有升，从2007年的57%上升至2013年的67%。这说明新加坡更加侧重于将自己定位为中转站地位，在资产的一进一出之间从中获利，新加坡作为资金转口的平台，国际化程度更高。

二、离岸金融市场

20世纪60年代，西方跨国公司的投资重点向东南亚转移，美国银行为了消除美国政府限制资金外流紧缩措施的影响，策划在亚太地区设立离岸金融中心。新加坡政府审时度势，积极发展国际银行业。1968年10月1日，新加坡政府允许美洲银行新加坡分行在银行内部设立一个亚洲货币经营单位（Asian Currency Unit，ACU），以欧洲货币市场同样的方式接受非居民的外国货币存款，为非居民提供外汇交易以及资金借贷等各项业务。这标志着新加坡离岸金融市场的诞生。

新加坡离岸金融市场的发展大致经历以下三个阶段。

（一）初始阶段：1968~1975年

在此阶段，亚洲美元市场产生并逐步发展。亚洲美元市场是新加坡政府当局精心策划、以人为方式推动的离岸金融中心，其发展提升了新加坡的国际地位，对新加坡的国际收支改善与经济增长具有重要的贡献。亚洲美元市场资金主要来自亚太地区的跨国公司、各国的中央银行和政府机构以及银行同业间的存款。到1975年，新加坡境内从事ACU的金融机构增加到66家，存款总额高达125.97亿美元，年均递增85.5%，相当于1975年新加坡国民生产总值的2.5倍。同期，亚洲美元债券开始兴起，1972年还首次涉足国际银团贷款，以分散离岸资金流向的风险。至此，新加坡逐步形成了一个以经营美元为主，兼营马克、英镑、加元、法国法郎、日元等10多种硬通货的高效的国际货币市场和国际资本市场。

(二) 发展阶段：1976~1997 年

新加坡政府在这一时期加快了金融改革步伐，1976 年 6 月放宽外汇管制，与东盟各国自由通汇，允许东盟各国在其境内发行证券，并给予更多的税务优惠；1977 年 ACU 的利得税从 40%下调至 10%；1978 年 6 月 1 日全面开放外汇市场，取消外汇管制，以吸引外资银行到新加坡设立 ACU，从事离岸金融业务；1981 年，允许 ACU 通过货币互换安排获得新加坡元；1984 年，新加坡国际金融交易所（SIMEX）成立，这是亚洲第一家金融期货交易所，成立之初，SIMEX 推出了亚洲第一个欧洲美元存款利率期货和欧洲日元期权交易；1990 年 6 月，外国人持有新加坡本地银行股权限制由 20%提高到 40%；1992 年 8 月放宽离岸银行的新元贷款额度限制，其上限由原来的 5000 万新元提高到 7000 万新元。这些措施刺激了新加坡离岸金融业务的发展。20 世纪 90 年代末，作为亚洲美元交易中心的新加坡，其外资银行的资产已占银行业总资产比重的 80%，亚洲货币单位增加到 100 多家。亚洲美元债券比前一阶段更有起色，累计发行 361 笔，金额 20.54 亿美元。外汇交易也突飞猛进，1998 年外汇业务营业额达 1390 亿新元，仅次于伦敦外汇市场、纽约外汇市场、东京外汇市场，成为世界第四大外汇交易市场。此外，新加坡政府还推出了离岸保险业务，1992 年该项收入达到 11 亿新元（折合 6.82 亿美元），占新加坡保险业总值的 10%。

(三) 转型阶段：1998 年至今

新加坡金融业突飞猛进的发展带动了该国整体经济的发展，金融服务业的产值、容纳的劳动力及其增幅成为新加坡经济腾空而起的主要动力。新加坡在 20 世纪 80 年代中期以后取得的发展成果，促使东南亚其他国家推出更加优惠的政策，竞相向发展国际金融中心的目标努力。从 2000 年 1 月起，逐步放松对交易佣金的管制，各证券经营机构可自行决定佣金水平；鼓励外国证券进入新加坡，积极吸引外国公司到新加坡发行股票、债券及其他证券，并在新加坡证券交易所上市，同时，积极开发和发展新的金融衍生产品，提高新加坡资本市场对东南亚及国际金融市场的影响力度。这些改革措施使新加坡金融体系从一个强调管制、注重风险防范的市场，演变成以信息披露为本、鼓励金融创新的金融中心，新加坡的离岸金融市场也从分离型市场向一体型市场过渡转型。

三、债券市场

新加坡的债券市场是世界上最有效率和最透明的市场之一。1995年之前，债券市场在新加坡金融市场中的作用十分有限，而银行和股票市场则起着主导性作用。1995年以后，新加坡债券市场特别是政府债券（the Singapore Government Securities，SGS）市场则有了很大的发展，平均每年以约20%的速度增长。特别是1997年的东南亚金融危机以来，新加坡金融管理局（the Monetary Authority of Singapore，MAS）则更是把精力集中在发展国内债券市场上，从此公司债券市场也有了迅猛的发展。

新加坡如果仅是为了弥补财政赤字根本没有必要发行政府债券，因为新加坡大多年份的财政收入都是盈余的。但是，新加坡仍然十分重视培育和发展政府债券市场，其真正的动机主要有三个：①为投资者提供一个流动性较强且无风险的投资工具；②为公司债券市场提供一个可靠的定价基准曲线；③提高国民对固定收入金融工具的投资技能。

（一）初级市场

1. 新加坡政府债券的发行

新加坡政府债券（SGS）的发行一般通过拍卖方式来进行，3个月期的短期国库券每周发行一次，其余政府债券的发行要根据新加坡金融管理局的发行时间表来进行。

2. 短期国库券（T-bill）的发行

短期国库券的拍卖要以一个多元的价格为基础，或者以差别价格拍卖方式进行。对于债券来说，拍卖是在一个统一的价格基础下进行的。

3. 公司债券的发行

公司债券的发行者可以采用简化的程序将其债券先放置到机构投资者之处，而放置到私人之处时则不同，其投资者人数限制到30人，对于机构投资者则没有这样的限制。如果公司债券直接向公众出售，则需要填写债券售卖说明书和办理金融管理局要求的相关手续。

（二）二级市场

1. 债券现货交易

自2000年的股市低迷以来，政府积极鼓励债券市场的发展，从而债券的二级市场交易逐渐活跃起来。政府债券的交易总量占有绝对的比例，而公司债券的交易量则相对较小。

2. 债券衍生品交易

新加坡金融管理局的自由化管理使债券衍生品市场也逐渐发展起来[①]。

[①] 吴腾华.新加坡债券市场：结构、工具与基础设施[J].经济前沿，2005（Z1）：70~74.

四、保险市场

新加坡保险市场高度发达，市场主体众多，外资保险公司将新加坡作为区域中心辐射东南亚。进入20世纪90年代，新加坡的金融业务开始逐渐成为经济增长的重要支柱之一，其中保险业发展迅速。截至1997年，在新加坡注册的保险公司已达151家，其中直接承保公司有59家，专业再保险公司43家，自保组织49家。2008年，受到全球金融危机的影响，全球金融市场低迷，保险业总资产为1150.5亿新元，比上一年下降了10.7%，此后保险业恢复增势，到2013年增至1796.9亿新元，5年间增长了56.2%。

2014年，新加坡总保费收入为270亿美元，排名世界第26；保险深度为6.7%，保险密度为3759美元，排名亚洲第4、东盟第1。其中财产险保费收入为114.58亿美元，寿险保费收入为155.43亿美元。截至2015年3月底，保险业总资产为1433.23亿美元。

新加坡共有保险公司79家，包括17家寿险公司、57家产险公司和5家综合保险公司，还有37家再保公司、61家自保公司，另外劳合社（亚洲）在新加坡设立了28家劳合社辛迪加。

在新加坡保险市场上，保险公司既可以专营财产保险（普通保险）或人寿保险，也可以产、寿险混合经营（综合保险），市场主体有直接保险公司、再保险公司、自保公司和保险经纪人公司。

新加坡保险监管由隶属金融管理局（MAS）的保险署负责。自从1997年新加坡加入世界贸易组织以后，为适应保险市场开放的要求，保险署确立了培育一个健全、富有竞争力以及不断追求进步的保险市场监管目标。其主要内容有：一是实施审慎、有效的监管法规和政策，促进保险机构稳健安全运行，保障保单持有人的合法权益；二是营造良好的法律、税务基础和经营环境，以利于保险业的持续发展；三是促进保险业提升经营水平，强化保险公司内部治理；四是构建以人为本、充分发挥员工潜能和富有凝聚力的保险监管体系。特别是近两年来，MAS 在改进和加强保险监管上采取了许多新的举措①。

五、外汇市场

新加坡外汇市场是新加坡国际金融市场的重要组成部分。

新加坡地处欧亚非三洲交通要道，时区优越，上午可与香港、东京、悉尼进行交易，下午可与伦敦、苏黎世、法兰克福等欧洲市场进行交易，中午还可同中东的巴林，晚上同纽约进行交易。根据交易需要，一天 24 小时都可以同世界各地区进行外汇买卖。新加坡外汇市场除了保持现代化通信网络外，还直接同纽约的 CHIPS 系统和欧洲的环球银行金融电信协会（SWIFT）系统连接，货币结算十分方便。

新加坡外汇市场的参加者由经营外汇业务的本国银行、经批准可经营外汇业务的外国银行和外汇经纪商组成。其中外资银行的资产、存放款业务和净收益都远远超过本国银行。

新加坡外汇市场是一个无形市场，大部分交易由外汇经纪人办理，并通过他们把新加坡和世界各金融中心联系起来。交易以美元为主，约占交易总额的 85%。大部分交易是即期交易，掉期交易及远期交易合计占交易总额的 1/3。汇率均以美元报价，非美元货币间的汇率通过套算求得②。

---

① 吴昌健. 新加坡保险市场与保险监管 [J]. 云南金融, 2003（3）: 49~54.
② 武为群. 新加坡外汇市场 [J]. 东南亚研究资料, 1984（3）: 100~102.

第十三章 城市地理

新加坡是亚洲最为重要的商业中心之一，是世界上最有竞争力的商业发展之地，其商业的繁荣发展不仅得益于自由贸易政策、"亲商"环境，以及完备的法律保障，也得益于科学严谨的城市规划[1]。

一、社会基层组织

在新加坡的现代化进程中，发展社会基层组织建设是保持社会稳定和政府治理的重要内容。作为一个多元种族、多元文化的小国，避免或减少社会冲突是建国的基本理念之一，民众往往通过身边最近的事物而不是空洞的口号感受政府的公共管理能力和对人民的切实关心。政府积极推动社会基层组织建设，增强了社会凝聚力，巩固了人民行动党的执政基础[2]。

新加坡在社区、选区、地区都有为数众多的基层组织，形成了一个密实的组织网络。如表13-1所示，在社区层面包括居民委员会、邻里委员会、民众联络所及其管委会、社会紧急与应变委员

---

[1] 任赵旦，王登嵘. 新加坡城市商业中心的规划布局与启示 [J]. 现代城市研究，2014（9）：39~47.
[2] 王芳，李路曲. 新加坡社会基层组织建设的经验 [J]. 理论探索，2005（2）：110~112.

会、民防委员会、种族委员会和各类慈善团体、义工团体等，在选区层面有公民咨询委员会、市镇理事会（有的为跨选区），在地区层面还有社区发展理事会、社会服务中心、家庭服务中心等。然而，虽然基层组织种类繁多，但是很多社区组织都纳入在人民行动党成立的人民协会的管理范围内[①]。

表 13-1 新加坡基层组织概况

单位：个

年　份	2009	2010	2011	2012	2013	2014	2015
社区发展理事会	5	5	5	5	5	5	5
公民咨询委员会（CCCs）	84	84	87	87	87	87	89
CCC 地区委员会	45	43	39	38	39	41	41
社区俱乐部管理委员会	105	105	106	106	107	107	108
居民委员会	557	556	564	571	574	582	600
邻里委员会	110	115	121	134	149	161	174
马来族活动执行委员会	97	97	97	97	99	98	98
印度族活动执行委员会	94	94	94	94	95	94	94
长者执行委员会	327	321	314	309	295	292	286
青年执行委员会	99	99	99	100	101	102	102
妇女执行委员会	104	104	104	104	105	104	105
社会紧急与应变委员会	84	84	86	86	87	87	87
社区体育俱乐部	84	84	86	86	86	86	87
T 型俱乐部管理委员会	8	8	8	8	8	8	8
建筑基金委员会	27	28	38	44	50	53	53

资料来源：新加坡统计局网站，http://www.singstat.gov.sg。

在新加坡，社会基层组织统一归人民协会管辖。人民协会是一个法定机构，和新加坡政府结合很紧，但又和新加坡政府有一定距离；和人民行动党结合很紧，但又和人民行动党有一定距离。新加坡国家政权通过人民协会、公民咨询委员会、民众联络所、俱乐部

[①] 王芳，李路曲. 新加坡社会基层组织建设的经验[J]. 理论探索，2005（2）：110~112。

管委会、居民委员会等社会组织，构建了新的社会的主干，并通过这个网络系统，使新加坡由上到下形成了一个完整意义上的"新加坡人"①。社会基层组织在联系人民群众与政府的过程中并不只是扮演单向沟通的角色，其不仅要主动获取人民群众的信息、建议，还要将其汇报至政府。此外，人民行动党还要求党内议员利用社会基层组织来增强与人民群众的沟通交流②。

二、城市规划与管理

新加坡政府始终把城市的建设与管理当作系统工程来运作，每幢建筑都不是彼此隔离的"孤岛"，尤其是政府组屋区，不仅建有公园，而且地上地下或与地铁轻轨，或与公交巴士车站，或与银行、商场等配套齐全、功能完备的公共设施紧密相连，既体现了城市建设的整体协调性，又为实现城市的有效管理创造了系统运作的条件。

新加坡是一个城市建设与管理机构相对比较完善的国家。在城市建设的方案规划上，各部门、各机构都主动"跳出小我"，从国家长远发展的全局利益上思考问题、献计献策；在城市的建设与管理上，他们坚持以政府满意、社会满意、人民满意、全球称道为最高标准。

开放、多元且充满活力的"世界花园城市"新加坡历来是现代城市规划设计中的经典案例。新加坡之所以成为世界最适宜居住的城市之一，赢得"花园城市"的美称，其核心经验是：以规划统领

---

① 孙景峰，李社亮. 新加坡社会基层组织的地位与性质探析［J］. 社会科学研究，2010（6）：55~59.
② 邓安能. 新加坡社会基层组织建设经验对我国的启示［J］. 湖北省社会主义学院学报，2014（5）：86~88.

城市的发展方向，以建设提升城市发展水平，以管理保障城市高效运行，形成三者有机衔接、协调发展的整体效应。

（1）立足长远，精心规划城市。早在建国初期，政府就聘请了联合国专家，历时4年，高起点编制全国概念性发展规划，以此为总纲，制定城市总体规划、分区规划和控制性详规。整个规划坚持可持续性和权威性，在规划中为未来30~50年城市的空间布局提供战略指导，规划一旦经过法定程序批准，都不得随意修改，确保执行到位。

（2）谋求高端，精心建设城市。新加坡城市建设紧紧围绕方便人、宜人、引人做文章，重视打造独特的城市形象，在道路、绿化、建筑的风格上追求卓越。如道路建设强化便捷性，减少市民对私家车的需求，减缓城市交通拥堵现象，提升城市的运载能力；城市绿化突出强制性，把建设"花园城市"作为基本国策，狭小的国土面积上保留了3000公顷的植物园，建设337个公园，把绿化生态效应发挥到了极致；建筑工程彰显精典性，在工程设计上，追求精品，追求经典，力求自然与人文的和谐、历史与现代的统一，努力营造优美的建筑景观和城市天际线。

（3）执法如山，精心管理城市。首先是严明的管理法规。新加坡的法规体系几乎覆盖了社会经济生活的各个方面，在执法上没有弹性，严管重罚，不存在"下不为例"。其次是科学的管理体制。突出城市管理的组织协调机制和考评监督机制建设，专门成立了"花园城市行动委员会"，建立了科学的城市管理考评制度。最后是有效的管理方法。通过GPS卫星定位系统和大量电眼，全方位、全天候地搜集城市动态信息，实时捕捉并处理各类违法违规事件和人员，极大地提高了城市管理效率[1]。

---

[1] 陈光恩. 借鉴新加坡先进经验 推动新型城市化建设——"新加坡城市化建设专题培训班"几点体会[J]. 广西经济, 2014（4）：42~43.

三、城市规划特点

（一）注重编制长期发展规划，凸显科学的空间布局

城市的健康发展离不开优质的城市发展规划，特别是长期坚持保证城市规划的实施。早在建国初期，就聘请联合国专家历时四年编制了高起点、高质量的概念性发展规划，将分阶段发展目标、综合的土地利用规划取代原有的总体规划。为未来30~50年的城市空间布局、交通网络、产业发展等提供战略指导。

新加坡的规划是以中心区为主体向四周散射次中心区以及副中心区，将全国分为五个社区，组团发展，科学空间布局。绿化、工业、生活、工作、交通、居住、休闲娱乐等功能合理分配划分，一个小区就是一个生活的多功能体，缓解上班、购物对市中心的交通压力，控制人员在居住地与工作地之间大规模流动。科学的空间布局造就了一流的人居环境，新加坡人的生活越来越舒适和便捷。

（二）强调以人为本，同社会、自然协调发展

新加坡非常注重城市绿化，全国大约有3000公顷的树林、候鸟栖息地和沼泽地规划为自然保护区，还包括道路两旁的形态各异的热带植物，以改善城市的生态环境。从武吉知马热带雨林保护区到那些散布于公路旁的鸟类庇护所都体现了新加坡人与自然和谐共生的思想。为了营造高品质的生活环境，20世纪90年代就建立了大大小小337个公园（包括居民区公园），每个镇区拥有10公顷公园，让居民一出家门就投入大自然的怀抱。同时，新加坡近

山建筑大都是依山就势，保持完整的山体景观，维持了最初的生态环境。

新加坡是一个多种族融合的大家庭，包括它复杂的历史，新加坡拥有很多历史文化遗留建筑，在城市规划中的一个大问题就是如何正确处理城市发展建设和历史文化遗产的保留问题。最重要的一个核心问题是，新加坡强调以人为本，重视对传统历史的保护和延续。如英国人早先建造的总督府、高等法院、拉福尔大饭店老楼、火车站以及许多老教堂等历史建筑原样保留，并整理一新。又如保留下来了有时代意义的乌节路、实笼岗路等街道，保留了牛车水、小印度和古老房屋等各种风俗，融合了传统和现代的建筑布局，实现了东方和西方文化的完美结合。

（三）强调节约资源，加强公共设施配备

土地对于新加坡来讲，是最宝贵的不可再生资源。对于宝贵资源，总是规划缜密，如只有15公里长的小河沿岸，却成功开辟了舒适、别致的休闲娱乐场地，成为了新加坡著名的旅游景点之一；土地资源的限制使新加坡的现代建筑，大都以高层建筑为主，建筑新颖独特、气势宏伟，时代感令人震撼。

现代交通也是新加坡解决城市规划中的一个重要法宝，包括长度超过3300公里的公路干线，四通八达的公交、地铁、轻轨以及价格合宜的出租车，共同组成了一个庞大的交通网络。由于一定的限定政策，和发达的公共交通网络，新加坡私家车仅50万辆左右，与2006年大连市私家车拥有量相当。

（四）注重城市规划管理系统化、公开化

新加坡政府认为，城市规划是一个理性推进过程，也是一个民主决策过程。在早期建立的总体规划方针基础上，逐渐改变规划模式，推行阳光规划，建立清晰平衡的权责体系，公开权力运行全过

程，鼓励民众参与规划并提出反馈意见，政府还向公众征求意见，让公民的主人翁地位凸显出来，集思广益，体现出以民为本。

（五）注重城市规划中的环保优先

新加坡真正独具特色的是在法律法规和各类规划的执行上的坚决和彻底，以及运行有效的部门协调机制。在规划编制过程中，新加坡政府强调"可持续新加坡"目标的要求，提出了"洁净的饮水、清新的空气、干净的土地、安全的食物、优美的居住环境和低传染病率"等环境目标，充分体现"环保优先"理念。新加坡在规划执行包括具体项目审批和建设方面，特别重视部门间的协调，成立若干个横跨相关部局的专门理事会，处理需要协调配合的业务。在规划执行过程中，这些跨部门机构发挥了积极作用[①]。

四、智慧城市

随着 20 世纪 80 年代新加坡战略的转型，新加坡开启了信息化时代，也找到了自身发展优势，并就此一发不可收拾。20 世纪 80 年代至今，新加坡政府在信息化方面先后提出了"国家电脑化计划""国家 IT 计划""智慧国 2015"等项目计划，使信息通信技术这个新加坡政府作为竞争优势的焦点不断放大，也使其从工业国一步步转型为智慧岛国。

1991~2000 年，新加坡在行政和技术层面上，解决城市信息互联互通和数据共享的问题，将信息共享从政府扩展到全社会，消除"信息孤岛"。在此期间，新加坡还出台了"IT2000 计划"：在新加

---

① 参见 http://www.scfdc.cn/XinWen/NewsInfo.aspx?wid=135897。

坡，公民将可以在任何时候、任何地点获得IT服务。21世纪的第一个十年，新加坡又提出"信息与应用整合平台-ICT"计划，旨在每一个行业都有能力采用数字化技术应用和电子商务来改变传统的经济模式，将传统的行业改造为知识型的经济；提高人们的生活素质，使新加坡变成为一个信息化的社会。该计划成为新加坡在经济领域、现代服务业、资讯社会的重要推动力。

2002年，新加坡获得世界传讯协会首次颁发的"智慧城市"的荣誉称号。这也是新加坡从信息化产业走向智慧城市的重要足迹。从实现全社会电脑化，到城市信息互联互通，消除信息孤岛，再到信息与应用的整合，新加坡用了30年的时间基本实现了这个渔村小国向世界通信科技国的飞跃。

2006年6月，新加坡启动了第六个信息化产业十年计划"智慧国2015（iN2015）"，提出创新（Innovation）、整合（Integration）和国际化（Internationalization）三大原则。其规划目标是：创建新型商业模式和解决方案上的创新能力，核心在于提升跨地区和跨行业的资源整合能力。该计划通过利用信息与网络科技提升七大经济领域，即数码媒体与娱乐、教育与学习、金融服务、电子政府、保健与生物医药科学、制造与后勤、旅游与零售[1]。

新加坡政府在智慧城市的建设中大力倡导"政府与市民共同创新"的观点，无论是在交通管理局、新生水厂，还是在其他各种公共场所，新加坡政府都力图通过各种多媒体手段，以生动形象的方式宣传政府建设智慧城市的理念和思路，来平衡各方利益的关注和冲突，最终获得民众的理解和支持，提升民众对政府管理的满意度。

近年来，新加坡通过智慧国家发展战略的推进，完成了智能化和高可靠性的信息通信基础设施建设，培育了具有全球竞争力的信

---

[1] 何流. 新加坡：从智慧城市"迈向"智慧国[J]. 中国信息界，2014（12）：20~25.

息通信产业和人才资源库,并实现了其国内主要经济领域和政府管理模式的改造,从而为其经济的长期可持续发展奠定了坚实的基础。新加坡的成功实践中所蕴含的理念和经验,值得我们在智慧城市建设中借鉴和学习[①]。

---

① 盛立. 新加坡智慧城市建设经验探讨 [J]. 信息化建设,2014(8):16~17.

第十四章 旅游地理

新加坡是个城市国家,旅游资源相对匮乏,旅游业可谓先天不足。但新加坡政府经过多年努力,充分利用自身独特的地理位置优势、发达的海空运输及多种族的文化特点,将整个东南亚地区的旅游胜地作为自己发展旅游业的腹地,把本国旅游发展定位为东南亚地区的旅游中转站,取得了明显成效。

一、旅游资源

新加坡旅游业始于20世纪50年代,初期发展缓慢,经过几十年的发展,旅游业已经成为新加坡仅次于工业和贸易的第三大经济行业和创汇行业。新加坡旅游业发展迅速,涉及餐饮业、宾馆业、零售业、会展业、艺术娱乐业及交通运输业等多个产业部门,对新加坡GDP的直接及间接贡献率达10%,从业人员占当地劳动力总量的7%。

随着2005年新加坡开放博彩业以来,博彩业蓬勃发展,吸引了大量游客,为新加坡旅游业的发展注入了强大动力。2014年旅游收入235亿新元,与上年持平。2015年全年到访游客1523.15万人次(不含陆路入境的马来西亚公民),增长0.9%,酒店住房率

85.0%，前五大客源地依次为印度尼西亚、中国、马来西亚、澳大利亚和印度，其中中国游客210.62万人次，占外国游客总数的13.8%。主要景点有圣淘沙岛、植物园、夜间动物园、金沙滨海湾等[①]。

（一）新加坡国家博物馆

国家博物馆的历史可追溯到1887年，是新加坡历史最悠久的博物馆，也是这座城市的一大建筑地标。历史展馆和生活展馆是新加坡国家博物馆的永久展馆，以引人入胜的方式展示着新加坡丰富多彩的过去和现在。博物馆将新旧元素完美融合，新现代主义的玻璃和金属元素使新古典主义建筑更显优雅，建筑风格令人惊艳。除了展出重要的历史和文化文物藏品，博物馆全年举办艺术装置、节庆活动、表演和电影展映等各种富有活力的活动。

（二）圣淘沙

圣淘沙岛被誉为最迷人的度假小岛，占地390公顷，有着多姿多彩的娱乐设施和休闲活动区域，素有"欢乐宝石"的美誉。曾经只是一个小渔村，被英国占领以后改造成为其军事基地，而后于1972年再次改造成一个悠闲美丽的度假村。从新加坡本岛前往圣淘沙岛非常方便快捷，而且有许多线路可以选择。进岛一共有五种方式，分别是缆车、轮渡、巴士、捷运（地铁）和出租车，由圣淘沙巴士穿梭于港湾巴士转换站之间。

（三）新加坡动物园

位于新加坡北部的万里湖路，占地28.3公顷，采用全开放的模

[①] 商务部. 对外投资合作国别（地区）指南——新加坡［EB/OL］. http: //fec.mofcom.gov.cn/article/gbdqzn/upload/xinjiapo.pdf, 2017-02-23.

式，是世界十大动物园之一。园内以天然屏障代替栅栏，为各种动物创造天然的生活环境，有300多个品种约3050只动物在没有人为屏障的舒适环境下过着自由自在的生活，与游客和平共处。每年约160万人次的国内外游客参观。

（四）新加坡夜间野生动物园

位于新加坡动物园旁边，是世界上第一个专为夜间活动的动物而建造的动物园，坐落于40公顷次生雨林中，园内草木丛生，游客可步行或乘坐电瓶车游园。夜间野生动物园拥有130种动物，其中35%是濒危物种。在月光的特别照明下，游客可在宽阔的自然栖息地中观察这些夜行动物的行踪。

（五）土生华人文化馆

文化馆于2008年4月25日重新开幕后，不仅是以崭新的姿态亮相，公众也可通过馆内展示的陶瓷、服装、塔形盘、金吊篮、珠绣等文物去了解土生文化的渊源、婚姻、娘惹服饰、宗教信仰、公共活动、饮食文化与节庆等。位于亚美尼亚街39号的土生文化馆原是道南学校的旧校舍。道南学校和土生华人源远流长，创办人之一的陈笃生是位土生华人（峇峇娘惹），当年捐钱购买这片土地建校的则是另一位土生华人——印尼糖王黄仲涵。

（六）新加坡滨海湾花园

由滨海南花园、滨海东花园和滨海中花园三个风格各异的水岸花园连接而成。该花园占地101公顷，位于滨海湾亲水黄金位置，是整个滨海湾项目的组成部分之一。滨海湾花园是新加坡打造"花园中的城市"愿景不可分割的一部分。新加坡政府希望通过此计划将所在岛屿打造为绿草茵茵、树木葱茏、花卉争艳的"花园中的城市"。滨海南花园是滨海湾花园中最大的一个花园，占地54公顷，其特色景点包括花穹和云雾林冷室、金园、银园和巨树丛林内的18棵擎天大树、文化遗产花园、植物世界、蜻蜓湖和翠鸟湖等；滨海东花园位于滨海堤坝西岸，占地32公顷，主要特色包括静谧的氛围，营造滨海湾和花园之间"亲密的关系"，以及滨海湾水岸鳞次栉比的小花园，让游客与海滨亲密接触，欣赏金融区优美的天际线；滨海中花园连接滨海南花园和滨海东花园，将建造长达3公里的水滨长廊，城市美景尽收眼底。

各景点参观人数如表14-1所示。

表14-1 景点参观人数

单位：千人

年份	2009	2010	2011	2012	2013	2014	2015
亚洲文明博物馆	739.0	777.3	814.4	524.0	452.4	423.2	349.6
新加坡国家博物馆	858.0	847.1	932.6	898.9	1199.0	902.1	774.6
新加坡艺术博物馆	743.6	639.7	636.6	656.1	729.1	743.7	903.4
新加坡集邮博物馆	107.4	105.1	115.9	123.0	117.5	142.1	152.7
土生华人博物馆	270.8	224.8	234.4	272.0	373.9	415.3	475.7
新加坡知新馆	190.0	165.0	195.0	194.8	212.3	209.8	270.0
新加坡科学馆	1059.4	1125.5	1053.8	969.2	899.5	952.3	1046.0
裕廊飞禽公园	862.4	882.2	909.0	901.4	777.6	717.4	810.1
夜间野生动物园	1136.1	1129.5	1098.5	1163.4	1168.0	1179.8	1159.0
新加坡河川生态园	na	na	na	na	703.2	1144.6	843.1
新加坡动物园	1663.6	1630.5	1670.1	1756.4	1804.1	1678.2	1833.4
裕华园与星和园	841.1	874.5	963.0	911.0	693.1	951.0	939.5
新加坡滨海湾花园	na	na	na	2920.1	4555.8	6375.1	8514.5
圣淘沙	7800.0	19100.0	19000.0	20500.0	18600.0	19400.0	19500.0

资料来源：新加坡统计局网站，http://www.singstat.gov.sg。

二、游客来源

从新加坡入境旅游人数来看,其旅游业的最大客源地首先是周边的东盟国家,其次是较远的其他亚太国家和地区,最后才是欧美国家。地缘因素起着十分重要的作用。此外,新加坡不仅成为亚洲人青睐的旅游目的地,同时也越来越得到欧美游客的认可,欧美游客数量正呈较大比例增长。

近年来,新加坡近 80%的游客来自亚太地区(见图 14-1)。

图 14-1 新加坡游客分布
资料来源:新加坡统计局网站,http://www.singstat.gov.sg。

2015 年,新加坡前五大客源地依次是东盟国家、中国大陆、澳大利亚、印度和日本。表 14-2 列示了近年来各国(地区)游客到新加坡旅游的基本情况。

2015 年接待外国游客 1523.2 万人次(不含陆地入境的马来西

亚公民），酒店住房率85%[①]。

表14-2 境外游客来源地

单位：千人次

地区/国家 年份	2009	2010	2011	2012	2013	2014	2015
合计	9682.7	11641.7	13171.3	14496.1	15567.9	15095.2	15231.5
美洲	467.7	524.8	563.7	616.4	641.5	635.3	657.3
加拿大	70.0	75.1	82.9	87.8	92.7	92.8	96.2
美国	370.7	417.2	440.6	477.2	491.9	484.9	499.5
亚洲	6894.5	8678.6	10039.1	11077.4	12006.1	11568.4	11684.7
东盟	3684.8	4821.8	5414.3	5779.6	6166.4	6113.1	5748.2
中国大陆	936.7	1171.5	1577.5	2034.2	2269.9	1722.4	2106.2
中国香港	294.4	387.6	464.4	472.2	539.8	631.0	609.9
印度	725.6	829.0	869.0	895.0	933.6	943.6	1014.0
日本	490.0	529.0	656.4	757.1	832.8	824.7	789.2
韩国	272.0	360.7	414.9	445.2	471.8	537.0	577.1
巴基斯坦	22.3	21.9	20.9	21.2	20.2	17.7	18.9
沙特阿拉伯	10.8	12.6	17.0	18.0	19.9	25.8	16.1
斯里兰卡	70.0	79.0	84.0	83.4	95.6	88.8	93.1
中国台湾	156.8	191.2	238.5	282.2	350.3	337.4	378.0
阿拉伯联合酋长国	49.5	56.5	62.7	65.6	72.6	75.7	78.7
欧洲	1307.4	1373.5	1401.5	1537.3	1591.2	1617.2	1635.7
奥地利	17.5	20.1	19.9	23.3	24.7	26.5	25.1
比利时和卢森堡	21.4	24.4	25.0	26.8	27.4	28.7	27.6
法国	119.7	130.5	140.3	158.9	160.0	156.9	157.5
德国	183.7	209.3	220.0	252.4	251.6	263.5	286.7
希腊	9.3	8.0	7.1	8.1	7.2	8.3	8.9
意大利	46.8	51.1	53.5	65.6	66.7	67.1	69.4
荷兰	76.4	76.5	81.1	81.6	82.9	81.8	79.1
斯堪的纳维亚半岛	92.8	96.5	97.0	111.5	113.1	109.5	105.6

[①] 商务部. 对外投资合作国别（地区）指南——新加坡［EB/OL］. http://fec.mofcom.gov.cn/article/gbdqzn/upload/xinjiapo.pdf, 2017-02-23.

续表

年份 地区/国家	2009	2010	2011	2012	2013	2014	2015
瑞士	63.8	74.4	79.0	83.9	94.4	103.4	100.8
英国	469.8	461.8	442.6	446.5	461.5	451.9	473.8
独联体和东欧	110.4	119.7	127.9	153.8	177.5	191.2	167.0
澳洲	936.5	989.1	1093.4	1189.1	1261.1	1207.9	1186.3
澳大利亚	830.3	880.6	956.0	1050.4	1125.2	1074.9	1043.6
新西兰	93.8	95.8	123.0	123.7	120.4	118.7	127.6
其他	76.6	75.6	73.5	75.8	68.1	66.4	67.5
非洲	76.4	75.5	73.4	68.0	66.6	66.1	67.5

资料来源：新加坡统计局网站，http://www.singstat.gov.sg。

三、发展趋势

新加坡旅游业在"智慧国2015计划"部署下，孵化延伸出一系列面向不同用户群体的旅游信息化应用。作为世界领先的电子化政府的缔造者和亚太地区重要的电子商务中心，新加坡于2006年推出"智慧国2015计划"（iN2015），确立"信息化立国"的发展理念，全面实施"从传统城市国家向'智慧国'转型"的发展战略。旅游业是新加坡的支柱产业之一，大力推进旅游信息化是新加坡信息化发展战略的基本组成部分。

近年来，新加坡旅游业坚持电子商务、电子社区以及社交网络等新型模式协调发展，为前往新加坡的游客打造无缝和个性化的旅游信息化服务，塑造起新加坡作为国际旅游城市的独特魅力。新加坡政府通过为游客提供便利快捷的交通枢纽、现代齐全的旅游设施、新颖独特的旅游商品以及"以游客为本"的信息化服务，吸引了周边国家以及欧美国家的游客，当之无愧地成为了亚洲旅游业的枢纽和全球会展业中心城市。

新加坡旅游信息化的发展既得益于该国良好的信息化发展环境，又受益于该国旅游业快速增长所形成的巨大发展需求，两者共同作用，成为了新加坡旅游信息化的重要驱动力。新加坡通过信息通信技术的运用为游客提供了一个更加个性化的旅游体验，去往新加坡的游客都会享受到现代化的信息服务，以满足每一位游客独特的需求和喜好[①]。

[①] 姚国章，黄俐，王星. 新加坡旅游业信息化发展研究［J］. 南京邮电大学学报（社会科学版），2013（1）：45~50.

参考文献

[1] Akkemik, K. A. Industrial Development in East Asia: A Comparative Look at Japan, Korea, Taiwan and Singapore [Z]. Singapore: World Scientific, 2009.

[2] HutF, W. G. Patterns in the Economic Development of Singapore [J]. The Journal of Developing Areas, 1987, 21 (3): 305-326.

[3] Pillai, J. Importance of clusters in industry development: a case of Singapore's petrochemical industry [J]. Asian Journal of Industry and Innovation. 2006, 14 (2): 1-27.

[4] Seetoh K. C. Ong AHF. Achieving Sustainable Industrial Development Through a System of Strategic Planning and Implementation: The Singapore Model [A] //Wong, T.-C., Yuen. N. Goldblum, C. (eds). Spatial Planning for a Sustainable Singapore [M]. Dordrecht: Springer, 113-133.

[5] Sun Sheng Han. Global city making in Singapore: a realestate perspective [J]. Progress in Planning, 2005: 69-175.

[6] 毕世鸿. 新加坡概论 [M]. 广州: 世界图书出版广东有限公司, 2012.

[7] 毕世鸿等. 新加坡 [M]. 北京: 社会科学文献出版社, 2016.

[8] 陈光恩. 借鉴新加坡先进经验 推动新型城市化建设——

"新加坡城市化建设专题培训班"几点体会[J].广西经济,2014(4):42~43.

[9] 陈晖.生命之源的永续发展——读《清水绿地蓝天——新加坡走向环境和水资源可持续发展之路》有感[J].今日海南,2015(6):47.

[10] 陈丽贞.新加坡对外贸易的发展与变化[J].南洋问题,1984(2):88~96.

[11] 邓安能.新加坡社会基层组织建设经验对我国的启示[J].湖北省社会主义学院学报,2014(5):86~88.

[12] 邓艳.基于历史文脉的滨水旧工业区改造和利用——新加坡河区域的更新策略研究[J].现代城市研究,2008(8):25~32.

[13] 段有洋,勾维民,高文斌.新加坡观赏渔业分析及对我国的借鉴意义[J].河北渔业,2009(5):56~60.

[14] 广东国际战略研究院.新加坡社会文化与投资环境[M].广州:世界图书出版广东有限公司,2012.

[15] 郭素君,姜球林.城市公共设施空间布局规划的理念与方法——新加坡经验及深圳市光明新区的实践[J].规划师,2010(4):5~11.

[16] 何流.新加坡:从智慧城市"迈向"智慧国[J].中国信息界,2014(12):20~25.

[17] 黄风.新加坡石油与天然气工业概况[J].中国石油和化工经济分析,2006(17):38~40.

[18] 黄豫.新加坡电力体制改革的历程及启示分析[J].南方能源建设,2016(1):36~40.

[19] 蒋立峰,李永明.新加坡电信的国际化发展战略[J].信息网络,2008(1):24.

[20] 孔庆山.新加坡社会文化与投资环境[M].广州:世界图书出版广东有限公司,2012.

［21］李皖南.新加坡推动企业海外投资的经验与借鉴［J］.国际贸易问题，2011（8）：48~57.

［22］廖日红，陈铁，张彤.新加坡水资源可持续开发利用对策分析与思考［J］.水利发展研究，2011（2）：88~91.

［23］蔺通，姜红军，吴少杰，张建府，王鑫.新加坡电力市场化改革对我国的启示［J］.中国能源，2015（12）：21~25，40.

［24］刘仁伍.东南亚经济运行报告［M］.北京：社会科学文献出版社，2007.

［25］陆彦，海智波.新加坡建筑业发展及现状分析［J］.东南亚纵横，2010（4）：58~60.

［26］吕成华，刘楠.新加坡电信借全业务运营领跑市场［J］.通信世界，2008（38）：90~91.

［27］任赵旦，王登嵘.新加坡城市商业中心的规划布局与启示［J］.现代城市研究，2014（9）：39~47.

［28］山东省商务厅.新加坡概况［EB/OL］.http：//www.shandongbusiness.gov.cn/index/content/sid/261848.html，2017-02-23.

［29］商务部.对外投资合作国别（地区）指南——新加坡［EB/OL］.http：//fec.mofcom.gov.cn/article/gbdqzn/upload/xinjiapo.pdf，2017-02-23.

［30］盛立.新加坡智慧城市建设经验探讨［J］.信息化建设，2014（8）：16~17.

［31］孙景峰，李社亮.新加坡社会基层组织的地位与性质探析［J］.社会科学研究，2010（6）：55~59.

［32］外交部.新加坡国家概况［EB/OL］.http：//www.fmprc.gov.cn/web/gjhdq_676201/gj_676203/yz_676205/1206_677076/1206x0_677078/，2017-02-23.

［33］汪明峰，袁贺.产业升级与空间布局：新加坡工业发展的历程与经验［J］.城市观察，2011（1）：66~77.

[34] 汪慕恒. 新加坡的炼油工业 [J]. 南洋问题研究, 1994 (2): 56~63.

[35] 王常雄. 新加坡都市现代农业发展的启示 [J]. 上海农村经济, 2016 (8): 39~41.

[36] 王芳, 李路曲. 新加坡社会基层组织建设的经验 [J]. 理论探索, 2005 (2): 110~112.

[37] 王军, 王淑燕. 水资源开发利用及管理对策分析——以新加坡为例 [J]. 中国发展, 2010 (3): 19~23.

[38] 王科. 新加坡很小, 但是亚太市场很大——专访新加坡电信运营总裁林暾先生 [J]. 中国新通信, 2005 (8): 44~46.

[39] 王茂林. 新加坡新镇规划及其启示 [J]. 城市规划, 2009 (8): 43~51, 58, 101.

[40] 王懋庆. 新加坡电子工业的发展研究 [J]. 电子与自动化, 1994 (3): 9~13.

[41] 魏君. 小国家的大战略——新加坡航空产业发展的启示 [J]. 大飞机, 2016 (2): 38~41.

[42] 新加坡建成本地最大海水淡化厂 [EB/OL]. http://news.xinhuanet.com/gangao/2013-09/25/c_125444281.htm?prolongation=1, 2017-02-28.

[43] 姚国章, 黄俐, 王星. 新加坡旅游业信息化发展研究 [J]. 南京邮电大学学报 (社会科学版), 2013 (1): 45~50.

[44] 张娟, 廖璇. 解密新加坡外资管理模式 [J]. 国际市场, 2014 (1): 50~53.

[45] 张世平. 新加坡海运业的新发展 [J]. 中国水运, 2000 (7): 38~39.

[46] 张所续, 石香江. 浅谈新加坡水资源管理 [J]. 西部资源, 2007 (5): 48~50.

[47] 张玉梅. 基于自给的新加坡水资源战略 [J]. 再生资源与循

环经济，2011（2）：40~44.

[48] 张祚，朱介鸣，李江风. 新加坡大规模公共住房在城市中的空间组织和分布［J］. 城市规划学刊，2010（1）：91~103.

[49] 郑捷奋，刘洪玉. 新加坡城市交通与土地的综合发展模式［J］. 铁道运输与经济，2003（11）：4~7.

[50] 衷海燕，钟一鸣. 新加坡经济社会地理［M］. 广州：世界图书出版广东有限公司，2014.

[51] 周遴，朱鸿军. 新加坡互联网治理的3C原则——访新加坡国立大学政策研究所阿龙·玛希哲南副主任［J］. 传媒，2010（5）：67~69.

[52] 资料：新加坡概况［EB/OL］. http：//www.ce.cn/xwzx/gnsz/gdxw/201511/04/t20151104_6897498.shtml，2017-02-23.